DOM MURILO S. R. KRIEGER, SCJ

Com Maria, A Mãe de Jesus

Mariologia para leigos

"Todos permaneciam unânimes na oração,
com Maria, a Mãe de Jesus."
(At 1,14)

EDITORA
SANTUÁRIO

Direção Editorial:	Pe. Fábio Evaristo R. Silva, C.Ss.R.
Conselho Editorial:	Pe. Ferdinando Mancilio, C.Ss.R.
	Pe. Marlos Aurélio, C.Ss.R.
	Pe. Mauro Vilela, C.Ss.R.
	Pe. Victor Hugo Lapenta, C.Ss.R.
	Avelino Grassi
Coordenação Editorial:	Ana Lúcia de Castro Leite
Revisão:	Luana Galvão
Diagramação e Capa:	Mauricio Pereira

Ilustração da capa: **Maria e seu Filho Jesus** (século VI)
Interior da Igreja de Santa Sofia (isto é: Igreja da Santa Sabedoria de Deus).
Istambul – Turquia.
Hoje é um museu.

Com Maria, a Mãe de Jesus foi publicado, inicialmente, pelas *Paulinas* (2001), e fez parte de seu catálogo até 2014.

Dados Internacionais de Catalogação na Publicação (CIP)
(Câmara Brasileira do Livro, SP, Brasil)

Krieger, Murilo S. R.
　　Com Maria, a mãe de Jesus: mariologia para leigos / Dom Murilo S. R. Krieger. – Aparecida: Editora Santuário, 2017.

　　"Todos permaneciam unânimes na oração, com Maria, a Mãe de Jesus" (At 1,14).
　　ISBN 978-85-369-0476-4
　　ISBN 978-65-5527-241-3 E-Book

　　1. Jesus 2. Maria, Virgem Santa 3. Maria, Virgem Santa – Teologia I. Título.

17-00640　　　　　　　　　　　　　　　　　　　　　　　　　　　　　CDD-232.91

Índices para catálogo sistemático:

1. Maria, Mãe de Jesus: Mariologia: Teologia cristã 232-91

3ª impressão

Todos os direitos reservados à **EDITORA SANTUÁRIO** — 2025

Rua Pe. Claro Monteiro, 342 – 12570-045 – Aparecida-SP
Tel.: 12 3104-2000 – Televendas: 0800 - 0 16 00 04
www.editorasantuario.com.br
vendas@editorasantuario.com.br

Para aquela que,
por primeiro,
me ensinou o lugar
que a Mãe de Jesus ocupa
no coração do Pai eterno:
minha mãe.

Para aquele que,
ao despedir-se de mim, dizia:
"Deus te abençoe, meu filho,
e Nossa Senhora Aparecida
te acompanhe":
meu pai.

Sumário

Siglas.. 6

1. Mais um livro sobre Maria Santíssima. Por quê? 7

2. Maria: seu nome, seus títulos... 15

3. Uma Virgem conceberá 19

4. Alegra-te, Maria! 23

5. Dois mil anos de história:
   um longo caminho para conhecer Maria............................... 39

6. Eu creio – I.. 55

7. Eu creio – II... 65

8. Maria e o Espírito Santo 81

9. O rosto de Maria.. 85

10. A presença de Maria na Liturgia 93

11. Rezar como Maria rezou... 101

12. A mediação de Maria 109

13. Rogai por nós, pecadores!.. 115

14. Um grande sinal apareceu nos céus................................ 127

15. Guadalupe (México): a Mãe latino-americana.................... 139

16. Aparecida: a Mãe de um povo 145

17. Ó vem conosco, vem caminhar, Santa Maria, vem! 149

18. Maria e o ecumenismo: a Mãe nunca esquece o filho ausente........ 157

19. Todas as gerações me chamarão bem-aventurada................ 165

20. Maria, a Igreja e você 171

21. A consagração a Cristo pelas mãos de Maria 179

22. Na Escola de Nazaré 185

23. Com minha Mãe estarei 191

Siglas

CIC	Catecismo da Igreja Católica
DA	Documento de Aparecida
DM	Documento de Medellín
DP	Documento de Puebla
DSD	Documento de Santo Domingo
DS	Denzinger, *Enchiridion Symbolorum*
DetV	Carta Encíclica *Dominum et Vivificantem* – João Paulo II
DV	Constituição Dogmática *Dei Verbum I* – Concílio Vaticano II
EN	Exortação pós-Sinodal *Evangelii Nuntiandi* – Paulo VI
IM	Bula *Incarnationis Mysterium* – João Paulo II
LG	Constituição Dogmática *Lumen Gentium* – Concílio Vaticano II
MC	Exortação Apostólica *Marialis Cultus* – Paulo VI
PG	Patrologia – Série Grega
PL	Patrologia – Série Latina
RMa	Carta Encíclica *Redemptoris Mater* – João Paulo II
SC	Constituição *Sacrosanctum Concilium* – Concílio Vaticano II
UR	Decreto *Unitatis Redintegratio* – Concílio Vaticano II
US	Carta Encíclica *Ut Unum Sint* – João Paulo II

1 Mais um livro sobre Maria Santíssima. Por quê?

> ... *porque estás aí,*
> *simplesmente porque és Maria,*
> *simplesmente porque existes.*

Muito já se escreveu sobre Maria Santíssima. Se formos colocar, lado a lado, os livros que foram publicados sobre ela, estaremos diante de uma biblioteca mariana digna de respeito. Por que, então, mais um livro sobre a Mãe de Jesus?

Maria e o Salvador

O grande evangelizador dos pagãos, Paulo, tinha uma convicção: foi chamado a anunciar aos pagãos "a inexplorável riqueza de Cristo, e a todos manifestar o desígnio salvador de Deus, mistério oculto desde a eternidade em Deus, que tudo criou" (Ef 3,8b-9). Para que a comunidade de Éfeso chegasse a compreender esse mistério, Paulo dobrou os joelhos diante do Pai e pediu-lhe que os efésios recebessem a graça de serem robustecidos pela força do Espírito Santo. Queria que pudessem conhecer a largura, o comprimento, a altura e a profundidade do amor de Cristo, "que desafia todo o conhecimento" (Ef 3,19b). Ora, o conhecimento a respeito de Maria – escolhida e convidada por Deus para ser Mãe do Salvador – faz parte do mistério de Cristo, de seu amor, de sua verdade.

Sobre cada pessoa o Pai tem um plano de amor. Melhor: cada pessoa é envolvida por seu amor e recebe uma vocação e missão. Na plenitude dos tempos (cf. Gl 4,4), quando quis enviar seu Filho ao mundo, o Senhor escolheu Maria para ser Mãe do Salvador. Por que Maria? Tentar responder a essa pergunta é já penetrar no mistério de Cristo.

Duas certezas orientaram as reflexões e os estudos marianos da Igreja ao longo de seus dois mil anos de história:

> • "Importa reconhecer que, antes do que quaisquer outros, o próprio Deus, o Pai eterno, confiou-se à Virgem de Nazaré, dando-lhe o próprio Filho no mistério da encarnação" (João Paulo II, RMa 39).
> • "Na Virgem Maria tudo é relativo a Cristo e dependente dele: foi em vista dele que Deus-Pai, desde toda a eternidade, escolheu-a Mãe toda santa e a enriqueceu com dons do Espírito Santo a ninguém mais concedidos" (Paulo VI, MC 25).

Com Maria, a Mãe de Jesus quer refletir sobre o papel de Maria na História da Salvação e conhecer seu lugar no mistério de Cristo e da Igreja. Esse conhecimento é o primeiro passo para um ato de adoração ao Senhor, que nela fez maravilhas. Ele é o Poderoso, o Santo e o Misericordioso. Ele se dignou olhar para "sua pobre serva". Todas as gerações a têm chamado de *bendita*, é verdade. Mas, quando a exaltam, é a Ele – seu Senhor, seu Deus e Salvador – que estão exaltando.

Maria e os cristãos

Por que **Com Maria, a Mãe de Jesus**?

• Porque queremos seguir Jesus Cristo, e o Evangelho nos apresenta sua mãe como aquela que, melhor do que qualquer outra criatura, soube acolher os dons de Deus e obedecer à sua vontade.

• Porque Maria viveu sempre perto de Jesus, intimamente unida a ele, e colaborou, decididamente, na realização de sua missão.

• Porque Maria está muito próxima de nós: percorreu caminhos semelhantes aos nossos e, na fé, deu os passos que o Senhor foi-lhe pedindo.

• Porque somos chamados a escutar a Palavra de Deus e a meditá-la em nosso coração; a responder-lhe na oração e a ser solidários com os outros; a participar na vida comunitária e a ser fortes nas dificuldades – programa de vida que, antes de ser nosso, foi de Maria.

• Porque queremos ser filhos da Igreja. Maria, nossa irmã na ordem da criação, nossa mãe na ordem da salvação, é membro especial dessa Igreja. Atentos à sua vida, descobriremos que ela foi o que cada mulher e cada homem é chamado a ser. Com o seu *sim*, deu ao Senhor uma resposta que lhe agradou plenamente e revolucionou a história da humanidade.

• Porque devemos ser conduzidos pelo Espírito Santo, que torna viva, em nosso coração, a pessoa de Jesus. Maria entende dessa ação de modo privilegiado: colaborou com ele na encarnação, aceitando ser envolvida por sua sombra, e esteve presente no Cenáculo de Jerusalém, quando o Espírito Santo deu início à expansão da Igreja. Ela nos ensina como deixar-se conduzir por aquele que continua hoje, no mundo, a obra de Jesus. Ensina-nos, também, como participar na obra da santificação do mundo.

Maria e o poeta

Por que mais um livro sobre a Virgem Santíssima? **Com Maria, a Mãe de Jesus** quer unir-se às tentativas que se multiplicam no desejo de apresentar em prosa o que um poeta francês resumiu de modo admirável:

> Meio-dia. Vejo a igreja aberta e entro.
> Mas não é para rezar, ó Mãe, que estou aqui dentro.
> Não tenho nada a pedir, nada para te dar.
> Venho somente, Mãe, para te olhar...
> Olhar-te, chorar de alegria, sabendo apenas isto:
> eu sou teu filho e tu estás aqui, Mãe de Jesus Cristo!
> Ao menos por um momento, enquanto tudo para,
> quero estar neste lugar em que estás, Maria.
> Nada dizer, olhar simplesmente teu rosto,
> e deixar o coração cantar a seu gosto.
> Nada dizer, somente cantar,
> porque o coração está transbordando (...).
> Porque és bela, porque és imaculada,
> a mulher na Graça enfim restituída,
> a criatura na sua hora primeira
> e em seu desabrochar final,
> como saiu das mãos de Deus
> na manhã de seu esplendor original. (...)
> Intata inefavelmente
> porque és a Mãe de Jesus Cristo,
> que é a verdade em teus braços,
> e a única esperança e o único fruto. (...)
> Porque é meio-dia, (...)
> porque estás aí,
> simplesmente porque és Maria,
> simplesmente porque existes.

(Paul Claudel † 1955, *La Vierge à Midi*,
Oeuvre Poètique, Gallimard, Paris, 1957, p. 533.)

A Mariologia na Teologia

O estudo da mariologia não é, e jamais poderia ser, uma reflexão isolada. É preciso evitar apresentações unilaterais da figura e da missão de Maria. Há necessidade de ligá-la aos estudos de cristologia, eclesiologia, pneumatologia, antropologia, escatologia etc.

A Sagrada Escritura deve ser a alma da mariologia. Também deve ser levada em conta a Tradição, já que ela e a Sagrada Escritura fazem parte do único depósito da Palavra de Deus confiada à Igreja (cf. *Dei Verbum*, Concílio Vaticano II, 10).

A mariologia tem uma "grande força pastoral e constitui uma força inovadora dos costumes cristãos" (MC 57). Para isso, "é necessária a promoção de uma autêntica piedade mariana" (MC 33).

O povo percebe que "Maria está profundamente impregnada do espírito dos pobres de Javé..., que esperavam de Deus a própria salvação, pondo nele toda a sua confiança" (RM 37).

É inegável o raio de ação de Maria no mundo de hoje. Vemos isso:

• na fé e na piedade dos fiéis;

• nas tradições das famílias cristãs, das comunidades paroquiais e das dioceses;

• nos institutos religiosos, nas atividades missionárias, nas CEBs e nos movimentos;

• no poder de atração e irradiação dos grandes e pequenos santuários;

• na Terra Santa;

• nos numerosos templos que a fé cristã ergueu (cf. RM 28).

No campo ecumênico, há os que se preocupam com o lugar que a Igreja Católica dá a Maria na teologia e na vida dos fiéis. É preciso ter consciência, contudo, de que a unidade só poderá ser reencontrada verdadeiramente se estiver fundada sobre a unidade da fé. Trata-se, pois, de descobrir o lugar de Maria, nossa mãe comum, nessa fé.

Em busca de uma espiritualidade mariana

João Paulo II fala de uma "dimensão mariana da vida de um discípulo de Cristo" (RMa 45). Como dar essa dimensão à nossa vida? Nossa formação mariológica deve ser integral, isto é, abraçar o estudo, o culto e a vida. Para isso, é necessário:

• adquirir um conhecimento completo e exato da doutrina da Igreja sobre a Virgem Maria;

• alimentar um amor autêntico à Mãe do Salvador;

• desenvolver a capacidade de comunicar esse amor.

O estudo da mariologia tende, como sua meta última, à aquisição de uma sólida espiritualidade mariana. Com a Igreja, queremos seguir "as pegadas do itinerário percorrido pela Virgem Maria, a qual avançou na peregrinação da fé..." (RMa 2). Queremos descobrir sua "presença materna" na Igreja e em nossa vida (cf. RMa 24).

"A história do Brasil parece um imenso andor de Nossa Senhora, carregado pelo povo humilde, através dos tempos... Carregando o andor... o povo carrega pelas ruas a sua esperança... A história de Maria é a imagem da história do povo humilde. É uma história que ainda não terminou..." (Mesters, *Maria, a Mãe de Jesus*, Vozes, p. 14).

Quando se fala da Virgem Maria, o que aparece por primeiro são as devoções, as expressões do povo. Tais expressões, é verdade, nem sempre são as mais puras. Mas cuidemos para não reduzir a devoção a Maria a uma série de conceitos intelectuais bem expressos. Na mariologia, dois perigos devem ser evitados: o do exagerado sentimentalismo e o do racionalismo diante do mistério. "A verdadeira devoção", lembra-nos o Concílio Vaticano II, "não consiste num estéril e transitório afeto, nem numa certa vã credulidade, mas procede da fé verdadeira pela qual somos levados a reconhecer a excelência da Mãe de Deus, excitados a um amor filial para com nossa mãe e à imitação de suas virtudes" (LG 67).

A verdade sobre Maria

A mariologia precisa da verdade, somente da verdade. Para que tenhamos a verdade a respeito de Maria, precisamos vê-la em relação ao mistério de Cristo e da Igreja. Como lembrou o Papa João Paulo II, na Encíclica *Redemptoris Mater*, "a Mãe do Redentor tem um lugar bem preciso no plano da salvação" (RMa 1). Cabe-nos conhecer esse lugar. Toda vez que se "isolou" Maria, tentando com isso a enaltecer mais, a mariologia se empobreceu. A Igreja é a primeira a não querer uma "mariolatria", pois tem consciência de que não se pode acrescentar ou tirar qualquer coisa à ação da graça divina em Maria. Cabe-nos unicamente adorar o misericordioso plano de Deus a respeito dela.

O relacionamento da Mãe com o Filho

"Se desejamos ser cristãos, devemos ser marianos, isto é, devemos reconhecer a relação essencial, vital, providencial que une a Mãe a Jesus, e que abre para nós o caminho que conduz a ele" (Paulo VI, 24.04.70).

A escolha de Maria

"Deus escolheu a mãe que havia criado; criou a mãe que escolhera" (Santo Agostinho, Sermão 69, 3,4).

"Deus podia ter criado um mundo mais belo, mas não poderia ter dado vida a uma criatura mais bela do que Maria."

(São João Maria Vianney, citado pelo Papa São João XXIII em seu *Diário Íntimo*, Livraria Agir Editora, Lisboa, 1964, p. 473, n. 23).

Ensinai-nos a amar vossa Mãe

"Ensinai-nos a amar vossa Mãe, Maria, como a amastes vós!"

(João Paulo II, Exortação Apostólica Pós-Sinodal *Ecclesia in America*, 76.)

"Será que a Igreja Católica não fala demais de Nossa Senhora? O importante não é Jesus Cristo? Por que é que eu deveria amá-la?"

Eu participava de um programa de televisão, ao vivo, e respondia a perguntas sobre "A Virgem Maria no mistério de Cristo e da Igreja". O último bloco estava quase no seu final quando veio essa pergunta de uma telespectadora que, tudo indicava, mais do que atacar a devoção à Virgem Maria, expunha com franqueza sua dúvida. Minha resposta precisava ser breve e objetiva. Disse-lhe: "No centro de nossa fé está Jesus Cristo. Ser cristão é fazer o que ele fez e amar o que ele amou. Pouco antes de sua morte, ao final, depois de uma convivência de três anos com os apóstolos, disse--lhes: 'Este é o meu mandamento: amai-vos uns aos outros, como eu vos amo' (Jo 15,12). Portanto, minha irmã, você erraria se amasse Nossa Senhora mais do que Jesus a amou aqui na terra. Enquanto, porém, não amá-la *como* Jesus, não poderá ficar tranquila, porque não atingiu o ideal".

Para aprender a amar Maria como Jesus a ama, é preciso colocar-nos em seu lugar, isto é, ser filho e discípulo de Maria. Ela, então, ensinar-nos-á que a fé "é um contato com o mistério de Deus" (RMa 17); que o fato de ter sido a primeira entre as criaturas humanas admitidas à descoberta de Cristo, a ponto de ter dado início, com o *sim* da Anunciação à Nova Aliança, nem por isso seu caminho foi menos difícil: dia a dia precisou avançar "na peregrinação da fé" (LG 2,20). Acredito que sua maior alegria será nos ensinar a penetrar no coração de seu Filho, para conhecer seu amor e ter seus sentimentos.

Sendo, como Jesus, filhos e discípulos de Maria, teremos condições de saber como ele olhava sua mãe; que lugar ela ocupava em seu coração; como espera que nós a amemos. Perceberemos, também, que a Virgem Santíssima viveu para ele. Aos poucos descobriremos que a lição dada por Maria em Nazaré ou hoje é sempre a mesma; repetitiva, sim; jamais monótona: apontando-nos Jesus, ela nos dirá o que outrora disse aos serventes do casamento de Caná da Galileia: *Fazei o que ele vos disser!* (Jo 2,5). E precisará nos ensinar outra coisa?...

MARIA, A MÃE DA EVANGELIZAÇÃO

"Juntamente com o Espírito Santo, sempre está Maria no meio do povo. Ela reunia os discípulos para o invocarem (cf. At 1,14) e assim tornou possível a explosão missionária que se deu em Pentecostes. Ela é a Mãe da Igreja evangelizadora, e, sem ela, não podemos compreender cabalmente o espírito da nova evangelização. (...)

No tabernáculo do ventre de Maria, Cristo habitou durante nove meses; no tabernáculo da fé da Igreja, permanecerá até o fim do mundo; no conhecimento e amor da alma fiel habitará pelos séculos dos séculos. Maria é aquela que sabe transformar um curral de animais na casa de Jesus, com uns pobres paninhos e uma montanha de ternura. (...)

Há um estilo mariano na atividade evangelizadora da Igreja. Porque sempre que olhamos para Maria, voltamos a acreditar na força revolucionária da ternura e do afeto."

(Papa Francisco, Exortação Apostólica *Evangelii gaudium*, n. 284-286.288)

2 Maria: seu nome, seus títulos

*Maria,
Míriam,
Cheia de graça,
Mãe de Jesus,
Serva do Senhor...*

O nome de Maria

Não há unanimidade a respeito da origem do nome **Maria**. Há os que afirmam ser de origem hebraica: *Miryam, Miriâm*, significando *senhora*. Para outros, seria de origem egípcia (*Mryt*), e quer dizer *a amada de Deus*. Do egipciano *Mryt* teria evoluído para *Miryamu*, em ugarítico (da cidade de Ugarit, na Síria); para *Miryam*, em hebraico; para *Máriam*, em grego; e para *Maria*, em latim.

Lemos no livro do Êxodo que, após a passagem pelo Mar Vermelho, Moisés e os israelitas entoaram um cântico em honra do Senhor, que os salvara do faraó e dos egípcios. Então, "a profetisa Miriâm (Maria), irmã de Aarão, tomou seu tamborim na mão, e todas as mulheres seguiram-na, tocando idêntico instrumento e dançando. Maria cantava: *Cantai ao Senhor, porque fez brilhar a sua glória, precipitou no mar cavalos e cavaleiros!* (Êx 15,21).

A longa permanência do povo escolhido no Egito deixou marcas profundas nos costumes e na língua hebraica. Moisés e Aarão, por exemplo, são nomes egípcios. É bem provável, pois, que também o nome de sua irmã Maria seja da mesma origem.

Nomes bíblicos

"No sexto mês, o anjo Gabriel foi enviado por Deus a uma cidade da Galileia, chamada Nazaré, a uma virgem desposada com um homem que se chamava José, da casa de Davi; e o nome da virgem era Maria" (Lc 1,26-27).

Deus, por meio de seu mensageiro, não chamou a jovem de *Maria*, mas com um novo nome: *Cheia de graça;* ou: *Favorecida;* ou: *Tu que tens o favor de Deus;* ou: *Tu que foste e permaneces repleta do favor divino* (Lc 1,28).

O evangelista Mateus cita o nome de Maria cinco vezes[1]; Marcos, uma vez[2]; Lucas, doze vezes[3]. Fora dos Evangelhos, somente uma vez encontramos o nome da Virgem Santíssima: nos Atos dos Apóstolos, quando é lembrada sua presença no meio da comunidade que, perseverando unânime na oração, esperava a vinda do Espírito Santo (cf. At 1,14). O evangelista João refere-se a ela sem jamais mencionar seu nome: prefere chamá-la de *Mãe de Jesus* ou de *sua Mãe*[4].

Isabel, ao receber a visita dessa sua parenta, cheia do Espírito Santo a chamou de *bendita entre as mulheres* e de *Mãe do meu Senhor* (Lc 1,42). Ela própria intitulou-se: *serva do Senhor* (Lc 1,38) e *pobre serva* (Lc 1,48). Segundo profetizou, as gerações futuras a chamariam de *bem-aventurada* (Lc 1,48).

Passados vinte séculos, é quase impossível relacionar todos os nomes e títulos que o povo já deu a Maria.

Nomes populares

Há títulos de Maria que recordam sua vocação e missão em relação a Cristo e à Igreja: Mãe de Deus, Mãe de Jesus Cristo, Mãe do Salvador, Mãe da Divina Graça, Templo do Espírito Santo, Mãe da Igreja, Imaculada Conceição, Nossa Mãe, Nossa Senhora etc.

Outros exaltam suas qualidades: Mãe Santíssima, Virgem prudente, Mãe admirável, Mãe de misericórdia, Virgem puríssima etc.

Alguns lembram determinados fatos de sua vida: Rainha concebida sem pecado, Nossa Senhora da Visitação, Nossa Senhora das Dores, Nossa Senhora da Glória etc.

Muitos referem-se a passagens do Antigo Testamento, que nela tiveram sua realização plena: Mãe dos viventes (Gn 3,20), Porta do céu (Gn 28,17), Glória de Jerusalém (Jd 15,10), Tabernáculo da Aliança (Êx 25,8), Estrela da manhã (Ecle ou Sir 50,6) etc.

Não poucos títulos lembram alguma intervenção de Maria em favor dos homens, atualizando o que fez em Caná da Galileia: Nossa Senhora Auxiliadora, Nossa Senhora do Perpétuo Socorro, Nossa Senhora da Paz etc.

---

[1] Mt 1,16; 1,18; 1,20; 2,11; 13,55.
[2] Mc 6,3.
[3] Lc 1,27; 1,30; 1,34; 1,38; 1,39; 1,41; 1,46; 1,56; 2,5; 2,16; 2,19; 2,34.
[4] Jo 2,1; 2,3; 2,12; 19,25; 19,26.

Vários lembram lugares onde apareceu: Nossa Senhora de Caravaggio (Itália – início do séc. XV), Nossa Senhora da Salette (França – 1846), Nossa Senhora de Lourdes (França – 1858), Nossa Senhora de Fátima (Portugal – 1917) etc.; ou estão ligados a algum acontecimento especial: Nossa Senhora Aparecida (Brasil – 1717).

Continuamente, Maria recebe novos nomes ou títulos: alguns de forma oficial – por exemplo: Mãe da Igreja (Paulo VI, 21.11.64), Memória da Igreja (João Paulo II, 01.01.87), Rainha da família (introduzido na Ladainha de Nossa Senhora em 31.12.95); outros, de forma espontânea, por exemplo: Nossa Senhora de Azambuja (bairro de Brusque – SC, onde, no final do século XIX, imigrantes italianos construíram uma capela para colocar um quadro trazido do Santuário de Caravaggio – Itália) etc.

Os muitos títulos que Nossa Senhora recebeu e continua recebendo manifestam a fé da Igreja e a criatividade da piedade popular. Para uma multidão de seus filhos, seu título mais belo continua sendo o de *Mãe*. E é com esse nome, simplesmente com ele, que preferem chamá-la.

MÃE DA IGREJA

No encerramento da 3ª Sessão do Concílio Ecumênico Vaticano II, no dia 21 de novembro de 1964, o Papa Paulo VI declarou Maria *Mãe da Igreja*, isto é, Mãe de todo o povo de Deus, tanto dos fiéis como dos pastores. "Desejamos que, com esse título suavíssimo, a Virgem Maria seja, de agora em diante, ainda mais honrada e invocada por todo o povo cristão. Trata-se de um título, veneráveis Irmãos, que não é novo para a piedade cristã, ao contrário, é justamente esse nome de Mãe que, antes do que qualquer outro, os fiéis e a Igreja toda preferem usar quando se voltam para Maria."

A página do Evangelho de Lucas que descreve a Anunciação do Verbo está no fundamento do título *Mãe da Igreja*: pela encarnação, Jesus Cristo tornou-se seu filho. Ora, em Cristo, "cabeça do corpo, da Igreja" (Cl 1,18; cf. Ef 5,23), já está compreendido também o povo de Deus, seu corpo. Ou, para usar as palavras de Paulo VI no dia da proclamação desse novo título mariano: "Maria é mãe daquele, que, desde o primeiro instante da encarnação no seu seio virginal, uniu a si como cabeça o seu Corpo Místico, que é a Igreja. Maria, pois, como Mãe de Cristo, é Mãe também dos fiéis e de todos os pastores, isto é, da Igreja".

MEMÓRIA DA IGREJA

"Feliz de ti, que acreditaste!" O evangelista fala de ti, dizendo: "Maria conservava todas estas palavras, meditando-as no seu coração" (Lc 2,19). Tu és a memória da Igreja! A Igreja aprende de ti, Maria, que ser mãe quer dizer ser uma viva memória. Isto é, "conservar e meditar no coração" as vicissitudes alegres e dolorosas".

(João Paulo II, 01.01.87.)

Uma Virgem conceberá

3

"A Virgem conceberá e dará à luz um filho, que se chamará Emanuel, que significa: Deus-conosco."
(Mt 1,23)

Maria no Antigo Testamento

Como era a família de Maria? Como foi sua infância? E sua formação? Como era seu rosto? Sua altura? Seu temperamento? O que fazia antes da Anunciação? O que fez depois?

Os evangelistas não escreveram uma biografia de Maria. Para nós, que gostamos de conhecer detalhes da vida de pessoas importantes, isso é um tanto decepcionante. Não só os Evangelhos, mas toda a Bíblia tem uma finalidade bem precisa: testemunhar a fé de um povo que foi chamado por Deus a uma aliança de amor – aliança que se tornou definitiva em Jesus Cristo. A Palavra de Deus apresenta-nos o que é necessário fazer para ser agradável ao Senhor – Ele, que é o Criador, o Onipotente, o Santo, o Pai nosso. Perpassando os diversos livros, descobrimos que, na Bíblia, a importância de uma pessoa ou de uma verdade não se mede pela quantidade de vezes em que aparece. Os Evangelhos, por exemplo, falam mais dos problemas criados pelos adversários de Jesus do que sobre a Eucaristia...

O Novo Testamento não é a "História de Maria". Quem está em seu coração é Jesus. São poucas as passagens bíblicas referentes a Maria. Mesmo quando é mencionada, normalmente não é ela o centro do acontecimento descrito. O que a Palavra de Deus nos mostra é que Maria Santíssima esteve presente, mesmo que de forma discreta, nos momentos centrais da História da Salvação: a encarnação, a inauguração do ministério de Cristo, a crucifixão e o nascimento da Igreja com a vinda do Espírito Santo.

Atualmente, temos maior clareza quanto ao papel de Maria Santíssima no mistério de Cristo e da Igreja. Mas, se olharmos os textos do Antigo Testamento, que são considerados como referentes a Maria, verificaremos que somente à luz da Revelação podem ser assim considerados. É a partir do Novo Testamento que descobriremos o alcance mariano de alguns textos – como, por exemplo, Gn 3,15 e Is 7,14.

Gn 3,15

Segundo a Revelação bíblica, Deus criou o homem e a mulher à sua imagem, para que participassem de seu amor. Abençoou e dialogou com quem havia criado para dominar a terra (cf. Gn 1,28). A Bíblia testemunha que "Deus contemplou toda a sua obra, e viu que tudo era muito bom" (Gn 1,31). Rompido o diálogo com o Criador, dada a liberdade que ele próprio havia concedido ao homem e à mulher, entraram no mundo o pecado e a morte. Mesmo assim, Deus abriu-lhes novos horizontes: **"Porei ódio entre ti e a mulher, entre a tua descendência e a dela. Esta te ferirá a cabeça, e tu lhe ferirás o calcanhar"** (Gn 3,15). Essa passagem é chamada de "Protoevangelho", isto é, primeiro anúncio da Boa-Nova.

Gn 3,15 não é um texto vago, indeterminado, mas um claro anúncio da salvação, ainda que a luz decisiva venha a ser dada pelo Novo Testamento: o Redentor é Cristo e ele será vitorioso quando, encarnando-se – isto é, assumindo nossa carne e limitações, menos o pecado –, nascendo de uma mulher (cf. Gl 4,4), salvar-nos-á. Cristo será o novo Adão, a cabeça da nova humanidade, o princípio da Nova Aliança.

A mulher do Gn 3,15 será, em primeiro lugar, Eva. Sua descendência, a humanidade, sofrerá, mas triunfará sobre a serpente. Não é dito como ou quando isso ocorrerá. Segundo uma tradição muito forte na Igreja, essa vitória foi alcançada não por Eva mas por Maria: seu descendente (Jesus) venceu o demônio para sempre.

Afirma o Concílio Vaticano II (1962-1965) que Maria "já é profeticamente esboçada na promessa da vitória sobre a serpente dada aos nossos primeiros pais caídos no pecado" (LG 55).

A partir do século II, os Santos Padres passaram a fazer o seguinte raciocínio: Maria é a nova Eva. A primeira levou-nos ao pecado; a segunda, à salvação; a primeira desobedeceu e, com isso, perdemos o Paraíso; a segunda obedeceu, e as portas do Paraíso nos foram abertas. A "hostilidade" nunca mais cessou: o mundo (e cada pessoa, cada grupo da humanidade) tornou-se um campo de luta entre o bem e o mal; a verdade e a mentira. Tudo isso tem como causas o demônio, o pecado e as cicatrizes que ficaram na natureza humana após a desobediência. Basta lembrar, por exemplo, a cobiça, o orgulho e a sensualidade que habitam no coração do homem. Mas a palavra definitiva, a última palavra, é de Deus: tanto amou o mundo que lhe enviou seu Filho, "para que todo o que nele crer não pereça, mas tenha a vida eterna" (Jo 3,16). Para enviar esse seu Filho ao mundo, escolheu uma mulher, uma virgem, "e o nome da virgem era Maria" (Lc 1, 27b).

Is 7,10-14

"**O Senhor disse ainda a Acaz: Pede ao Senhor teu Deus um sinal, seja do fundo da habitação dos mortos, seja lá do alto. Acaz respondeu: 'De maneira alguma! Não quero pôr o Senhor à prova.' Isaías respondeu: "Ouvi, casa de Davi! Não vos basta fatigar a paciência dos homens? Pretendeis cansar também o meu Deus? Por isso, o próprio Senhor vos dará um sinal: uma virgem conceberá e dará à luz um filho, e o chamará 'Deus conosco'.**"

É preciso levar em conta o contexto histórico dessa passagem bíblica: em 734-733 a.C., o rei de Damasco (Rason) e o de Israel (Faceia) declararam guerra contra o reino de Judá, onde Acaz, de apenas vinte anos, era rei. Motivo dessa guerra: Acaz recusara-se unir-se a eles na luta contra Teglat-Falasar III, rei da Assíria. Os dois exércitos chegaram às portas de Jerusalém, amedrontando Acaz, que decidiu pedir ajuda a Teglat-Falasar. O profeta Isaías condenou essa ideia, temeroso de que, aliando-se ao monarca assírio, o reino de Judá acabasse sendo contaminado pela idolatria que imperava na Assíria. Certamente, com a ajuda militar, entrariam no meio do povo eleito os deuses e as práticas religiosas dos assírios. Acaz negava-se a ouvir Isaías. Esse, então, fez uma profecia sobre a casa de Davi, tão ameaçada. Disse que a jovem esposa de Acaz (Abia – cf. 2Rs 18,2) teria um filho (Ezequias), que se chamaria "Emanuel", isto é, "Deus conosco". Esse filho se alimentaria de coalhada e mel, "até que saiba rejeitar o mal e escolher o bem" (Is 7,15). Então, declarou o profeta Isaías: os dois reis que estão dando tanto medo a Acaz seriam derrotados.

Os acontecimentos confirmaram os oráculos de Isaías: os dois reis foram realmente derrotados, Ezequias sucedeu a seu pai, e o tempo de seu governo foi marcado pela paz. Deus demonstrou que estava mesmo com seu povo. Assim, a casa de Davi sobreviveu, graças a Emanuel-Ezequias.

Mateus interpretará Isaías 7,14

Séculos mais tarde, o evangelista Mateus (Mt 1,22-23) interpretará esse texto do profeta Isaías (7,14), dando-lhe um sentido messiânico e mariológico. Depois de descrever a concepção de Jesus, o evangelista afirma que, apesar da não participação do homem em seu nascimento, Jesus descende de Davi. José, filho de Davi (cf. Mt 1,20), é aquele que lhe dá a paternidade legal (cf. Mt 1,21-24). Mateus conclui que Is 7,14 adquire agora seu sentido pleno: Jesus é o verdadeiro e perfeito Emanuel, o "Deus conosco". Além disso, assim como a mãe do Emanuel-Ezequias dá à luz um filho que garante a continuidade da casa de Davi, Maria dá à luz um Filho que reinará para sempre no trono de Davi. E, como o nascimento de Ezequias é prodigioso, uma vez que anunciado pelo profeta como um sinal, da mesma forma o nascimento de Jesus é um acontecimento extraordinário, já que uma virgem o concebeu, por obra do Espírito Santo.

Is 7,14 tem, pois, um sentido mariológico, pois nele está "oculta profeticamente" (cf. LG 55) a Virgem Maria, e essa interpretação não foi dada pela Igreja, mas por um evangelista. É interessante notar que, em Isaías, o termo original hebraico (*almáh*) refere-se a uma mulher jovem (não diz se virgem ou não). A tradução grega posterior qualificou a mulher com o termo *"parthénos"*, isto é: virgem. O evangelista Mateus transcreve, em seu Evangelho, o termo grego *"parthénos"*, aplicando, pois, a Maria a palavra "virgem": o anjo do Senhor tranquiliza José, dizendo que não deve temer receber Maria em sua casa, como esposa, pois "o que foi gerado nela provém do Espírito Santo, e ela dará à luz um filho em quem porás o nome de Jesus, pois é ele que salvará o seu povo dos seus pecados. Tudo isso aconteceu para se cumprir o que o Senhor dissera pelo profeta: *Eis que a virgem conceberá e dará à luz um filho, que se chamará Emanuel*, que significa: *Deus conosco"* (Mt 1,20b-23).

4 Alegra-te, Maria!

*Em Maria,
"o Verbo se fez carne
e habitou entre nós".*
(Jo 1,14)

Maria no Novo Testamento

Após a Ascensão, os apóstolos e os discípulos – cerca de 120 pessoas (cf. At 1,15) – reuniram-se no Cenáculo, à espera do cumprimento da promessa de Jesus: "Sereis batizados no Espírito Santo daqui a poucos dias" (At 1,5). Maria, a Mãe de Jesus, estava com eles (cf. At 1,14).

Naqueles dias, Pedro lembrou-lhes do comportamento de Judas, "que foi o guia daqueles que prenderam Jesus" (At 1,16b). Na escolha daquele que, no serviço do apostolado, tomaria seu lugar, deveria ser levado em conta o seguinte critério: o escolhido deveria ser alguém que os tivesse acompanhado durante todo o tempo que o Senhor Jesus caminhara à sua frente (cf. At 1,21). Somente assim esse novo apóstolo poderia tornar-se "testemunha da sua ressurreição" (At 1,22). Aí está uma síntese do programa que norteará a pregação dos apóstolos após a vinda do Espírito Santo: Jesus Nazareno, o Filho de Deus, foi crucificado; "mas Deus o ressuscitou, rompendo os grilhões da morte" (At 2,24; cf. At 10,34-43).

A narração do nascimento e da infância de Jesus só acontecerá mais tarde e será acrescentada, como introdução, à catequese cristã, especialmente tendo em vista certas heresias que negavam ser Jesus verdadeiro homem. Afirmar que tinha nascido de uma mulher (cf. Gl 4,4) e que, como menino, crescia e se fortalecia, cheio de sabedoria (cf. Lc 2,40), significava reconhecer que pertencia, verdadeiramente, à raça humana.

Nunca é demais repetir: os evangelistas não pensaram escrever um "Evangelho de Maria". Isso nos dá grande segurança: quando falaram dela não foi para justificar um culto ou para defender uma tese sobre a Mãe de Jesus. Queriam, sim, apresentar-nos o rosto do Verbo, Jesus Cristo, que, vivendo sob os olhos de Maria e submisso a ela, "crescia em estatura, em sabedoria e graça, diante de Deus e dos homens" (Lc 2,52).

QUEM ESCREVEU SOBRE MARIA

Dos oito escritores inspirados do Novo Testamento, apenas quatro falam dela diretamente: Mateus, Marcos, Lucas e João. Pedro, Judas e Tiago não lhe fazem nenhuma referência. Paulo refere-se a Maria indiretamente, na carta aos Gálatas. Cronologicamente, por sinal, este livro, do ano 49 ou 53-57, é o primeiro do Novo Testamento a referir-se a Maria; posteriormente, fizeram referências o Evangelho de Marcos (aproximadamente do ano 64); o de Mateus (em torno dos anos 70-80); o de Lucas (Evangelho e Atos por volta do ano 70); e o de João (seu Evangelho e o livro do Apocalipse foram escritos entre os anos 90-100). Seguindo-os, vemos como, progressivamente, os autores inspirados tomaram consciência da pessoa e do lugar de Maria na obra da salvação.

Gálatas

Paulo faz uma menção indireta à Mãe de Jesus em sua carta às Igrejas da Galácia: **"Mas quando veio a plenitude dos tempos, Deus enviou seu Filho, que nasceu de uma mulher e nasceu submetido a uma lei, a fim de remir os que estavam sob a lei, para que recebêssemos a sua adoção"** (Gl 4,4-5).

Esse é o primeiro testemunho mariano no Novo Testamento: a carta foi escrita no ano 49, no tempo em que Paulo esteve em Antioquia, ou – hipótese mais provável – entre os anos 53 e 57, quando esteve em Éfeso.

A menção da Mãe de Jesus na carta aos Gálatas é somente indireta; a ideia principal do texto é a encarnação do Filho de Deus. Paulo explica que Deus entrou em nossa história. Ele quis vir ao encontro da humanidade para socorrê-la, a fim de que os homens e as mulheres pudessem ser plenamente seus filhos, mesmo depois da experiência do pecado. O Senhor escolheu um povo, educou-o e dirigiu-se a ele muitas vezes e de modos diversos. Quando, enfim, os tempos do plano divino chegaram à "plenitude", enviou seu Filho ao mundo. A partir daí, podemos, verdadeiramente, ser chamados de "filhos de Deus" (cf. Gl 4,6-7).

Nessa encruzilhada da História da Salvação está Maria. Por meio de seu ministério maternal, o Filho de Deus, pré-existente no mundo, já que existia "no princípio" (Jo 1,1), entrou na história da humanidade. Maria é a "mulher" que o reveste da nossa carne e do nosso sangue (cf. Hb 2,14); está colocada no encontro dos homens escravizados com o enviado libertador.

É muito precioso esse testemunho de Paulo: ele declara que Maria está intimamente ligada ao projeto salvífico de Deus.

Marcos

O evangelista Marcos nos dá duas breves informações sobre "a Mãe de Jesus"; ambas têm um caráter ocasional e revestem-se de um aspecto negativo, ou ao menos restritivo, que surpreende a muitos.

a) **Mc 3,31-35: "Chegaram sua mãe e seus irmãos e, estando do lado de fora, mandaram chamá-lo. Ora, a multidão estava sentada ao redor dele; e disseram-lhe: 'Tua mãe e teus irmãos estão lá fora e te procuram'. Ele respondeu-lhes: 'Quem é minha mãe e quem são meus irmãos?' E, correndo o olhar sobre a multidão, que estava sentada ao redor dele, disse: 'Eis aqui minha mãe e meus irmãos. Aquele que faz a vontade de Deus, esse é meu irmão, minha irmã e minha mãe'".**

Nesse primeiro texto, comum aos evangelhos sinóticos, Jesus toma distância da família, que deseja arrancá-lo de seu ministério, julgado perigoso (cf Mc 3,20-21). O Mestre esclarece que sua verdadeira família são seus discípulos. Há, na observação de Jesus – *Aquele que faz a vontade de Deus, esse é meu irmão, minha irmã e minha mãe* –, um elogio implícito a Maria: querendo ser simplesmente aquela que serve o Senhor (cf. Lc 1,38), que faz sua vontade, tornou-se sua mãe.

b) **Mc 6,1-3: "Depois, ele partiu dali e foi para a sua pátria, seguido de seus discípulos. Quando chegou o dia de sábado, começou a ensinar na sinagoga. Muitos o ouviam e, tomados de admiração, diziam: 'Donde lhe vem isso? Que sabedoria é essa que lhe foi dada, e como se operam por suas mãos tão grandes milagres? Não é ele o carpinteiro, o filho de Maria, o irmão de Tiago, de José, de Judas e de Simão? Não vivem aqui entre nós também suas irmãs?' E ficaram perplexos a seu respeito".**

Nesse outro texto, os conterrâneos de Jesus não aceitam acreditar nele, justamente porque não é ninguém mais do que "o carpinteiro, o filho de Maria". O conhecimento de Jesus segundo a carne ofusca o conhecimento segundo o Espírito.

Durante muito tempo, esses dois textos não foram levados em conta na mariologia, porque se pensava não poder, a partir deles, destacar a importância de Maria. Na verdade, tornam-se claros quando lidos com os demais textos do Novo Testamento, que nos revelam as características da maternidade de Maria.

O evangelista apresenta Maria como uma mãe, que está preocupada com o comportamento do filho. Procura-o para alertá-lo, desejando que seja mais cuidadoso, não se expondo tanto à ira dos adversários. É uma preocupação demasiadamente humana, é verdade. Mas também ela progrediu na fé. O evangelista Marcos apresenta outras situações que testemunham ter ela crescido na compreensão do mistério e do ministério de Jesus – sua presença no Calvário, por exemplo.

Jesus quis ensinar aos que o seguiam que o parentesco com ele não é suficiente para alguém ser um verdadeiro discípulo seu. Também os parentes deveriam percorrer o caminho de fé e procurar fazer a vontade de Deus. Pertencem à verdadeira família de Jesus os que ficam com ele e o seguem. Foi a experiência que Maria fez: gerou Jesus na carne, ouviu seus ensinamentos, guardou-os no coração e, fazendo a vontade de Deus, tornou-se verdadeiramente sua mãe (cf. Mc 3,35).

Os irmãos e as irmãs de Jesus

No grego bíblico, o termo "adelphós" (irmão) corresponde ao vocábulo hebraico "ah", que tanto pode significar irmão carnal quanto parente consanguíneo. Assim, a palavra "adelphós" (irmão) é usada também para designar um primo, um sobrinho, um tio ou qualquer parente. Em Gênesis 13,8, Abrão [N.B.: a mudança de seu nome para Abraão se dará posteriormente] diz a Ló: "somos irmãos"; mas, pouco antes, lê-se (Gn 11,27-31) que Ló era filho de Aran, irmão de Abrão; portanto Ló era sobrinho de Abrão, e não irmão (cf. também: Gn 29,15 e o compare com Gn 27,43 e 29,10-11).

Por trás dessa identificação de "irmão" com "primo" ou "parente", há um conceito de família diferente do nosso. Ao nos referirmos a uma família, pensamos no pai, na mãe e nos seus filhos. Os orientais tinham um conceito de família diferente do nosso: incluíam nela (e muitos o fazem ainda hoje) também os parentes, próximos ou distantes.

Os evangelistas referem-se aos parentes de Jesus como "irmãos e irmãs", sem nunca chamá-los de "filhos de Maria" ou sem dizer que Maria fosse mãe deles. Mt 13,55 e Mc 6,3 citam alguns "irmãos de Jesus": Tiago, José, Judas e Simão. Descrevendo a cena do Calvário, porém, o evangelista João diz: "Junto à cruz de Jesus estavam de pé sua mãe, a irmã de sua mãe, Maria, mulher de Cléofas, e Maria Madalena" (Jo 19,25). Marcos destaca que esta outra Maria (irmã da Mãe de Jesus) era mãe de Tiago, o Menor, e de José (cf. Mc 15,40). Estes últimos não eram, pois, irmãos carnais de Jesus, mas seus primos, pois filhos de uma irmã de sua mãe. Por sinal, no início de sua carta, o apóstolo Judas declara-se "servo de Jesus Cristo e irmão de Tiago" (1,1).

Também a palavra "primogênito" não é determinante para se concluir que Jesus tenha tido irmãos e irmãs; seu uso é, sobretudo, jurídico. A lei mosaica exigia que o primogênito (primeiro gerado) fosse consagrado ao Senhor (Êx 13,2), independente de mais tarde os pais terem ou não outros filhos.

Se Maria tivesse tido outros filhos, seria inexplicável que Jesus, na hora de sua morte, confiasse-a ao apóstolo João (Jo 19,26): os outros filhos é que teriam obrigação de cuidar dela.

Mateus

O evangelista Mateus descreveu a função de Maria na origem de Cristo (Mt 1,18-23), fazendo referência a uma profecia de Isaías (7,14). Ele recolheu várias tradições referentes a Maria – por exemplo, a visita que fez a Jesus durante sua pregação (cf. Mt 12,46-50 – episódio encontrado também em Mc 3,31-35 e em Lc 8,19-21) – e o comentário dos nazarenos sobre Jesus: "Não é Maria sua mãe?" (Mt 13,55).

É importante destacar alguns dados novos que Mateus apresenta sobre Maria: ao dizer que **"Jacó gerou José, esposo de Maria, da qual nasceu Jesus, que é chamado Cristo"** (Mt 1,16), o evangelista quer deixar claro que Jesus não tem pai humano; sua concepção no ventre de Maria não é obra de José, mas do Espírito Santo (cf. Mt 1,18). Mais: José é o esposo de Maria (cf. Mt 1,16); Maria é a esposa de José (cf. Mt 1,20.24); Jesus, porém, não é filho de José. No capítulo segundo, por quatro vezes, Mateus dirá que José tomou "o menino e sua mãe", não se referindo a Jesus como filho de José (Mt 2,13.14.20.21). Jesus tem Deus por Pai.

Outra passagem do Evangelho de Mateus, que merece destaque especial, é a que encontramos no capítulo primeiro, versículos 22-23, relativa à profecia de Isaías (7,14). Maria é a virgem que concebeu virginalmente por obra do Espírito Santo (Mt 1,18), sem qualquer relacionamento carnal (Mt, 1,25). Assim, o nome *Emanuel* e a expressão "Deus conosco", que no texto de Isaías tinham significados indeterminados, podendo até ser entendidos como referentes a alguém que tinha uma simples assistência divina (cf, Is 8,8 e 10), no Evangelho de Mateus destacam a divindade do Messias.

JOSÉ

José, um homem justo (cf. Mt 1,19) e pleno de fé, aceitou ser o pai legal do Messias, para torná-lo herdeiro das promessas feitas a Davi. Mesmo não sendo verdadeiro pai de Jesus, tornou-se pai pelo amor, pelo carinho e pela autoridade com que cuidou dele e o educou. "Assim como a santa Igreja tem um débito para com a Virgem Maria, porque, por meio dela, recebeu Cristo, deve também um especial reconhecimento e reverência a José."

(S. Bernardino de Sena – † 1444-, Discurso 7,27).

JOSÉ, O JUSTO

Se juntarmos, como se fôssemos montar um quebra-cabeças, o que os Evangelhos nos dizem de São José, concluiremos, apressadamente, que nos faltam peças e que o quadro que surge está incompleto. Será mesmo?

José é de família real, descendente de Davi. É esposo de Maria. Sua paternidade e seu casamento foram na ordem da adoção. Velou sobre a família de Nazaré, dando-lhe o calor de seu amor e o pão, fruto de seu trabalho. Depois que Jesus completou doze anos, desapareceu de cena. O último testemunho que temos a seu respeito foi por ocasião do encontro do Menino Jesus entre os doutores, no Templo de Jerusalém. Antecipando-se a qualquer observação de José e num desabafo bem materno, Maria perguntou a Jesus: "Meu filho, que nos fizeste? Eis que teu pai e eu andávamos à tua procura, cheios de aflição" (Lc 2,48). Depois disso, silêncio. Nada sabemos a respeito de sua morte. Já a respeito de sua vida e de seu caráter, a Bíblia é muito clara: "José... que era um homem justo..." (Mt 1,19).

Para a Palavra de Deus, justo é um homem de boa conduta, que procura descobrir e praticar a vontade de Deus; é alguém reto diante do Senhor, humilde e obediente; que observa integralmente os preceitos divinos; que conduz sua vida segundo a Lei do Senhor; é piedoso e irrepreensível; é amigo de Deus; é um homem bom e caridoso. Justo é aquele que aceita Deus como seu Senhor, isto é, como quem conduz sua vida; tem consciência da grandeza do Criador e de suas próprias limitações. O homem justo reconhece ser um privilégio, uma graça especial, um gesto de misericórdia da parte de Deus poder amá-lo e dedicar-lhe a própria vida.

Para compreender melhor o papel de São José na História da Salvação, deveremos ter resposta para duas perguntas:

1ª) *Como José olhou para Maria?* Quem nos ajuda nessa resposta é o evangelista Mateus. Escreve que, "antes de coabitarem, aconteceu que ela concebeu por virtude do Espírito Santo. José... não querendo difamá-la, resolveu rejeitá-la secretamente" (Mt 1,18-19). Esse evangelista dá a José um lugar de destaque no relato do nascimento de Jesus. Apresenta-o como um homem temente a Deus que, cheio de dúvidas em seu coração, quer separar-se de Maria. O próprio Deus revela-lhe em sonho o que está ocorrendo, indicando-lhe a tarefa de pai adotivo. Assim, ao menos legalmente, Jesus nascerá da família de Davi, da qual descende José.

José vê Maria como a mulher do mistério – melhor, a mulher que carrega o mistério. Dissera-lhe o enviado de Deus: "José, filho de Davi, não temas receber Maria por esposa, pois o que nela foi concebido vem do Espírito Santo" (Mt 1,20). Não há dúvida: ela traz o Messias; é Mãe do Messias. A Mãe do Messias é, legalmente, sua esposa. Ele, José, é responsável por ela; por ela e pelo Menino que está para nascer. Que responsabilidade!

2ª) *Como José olhou para Jesus?* Em Belém, estava ao lado do Menino quando os pastores chegaram. Levou-o, com Maria, ao Templo de Jerusalém, após seu nascimento. Lucas escreverá mais tarde que Simeão acolheu o Menino em seus braços e "o pai e a mãe estavam maravilhados com o que se dizia dele" (Lc 2,33). Foi o responsável pela viagem de Jesus e Maria para o Egito, fugindo da perseguição de Herodes. Que perguntas devem ter inundado seu coração diante das ameaças de Herodes e da responsabilidade que pesava sobre seus ombros! Quando Jesus tinha doze anos, levou-o ao Templo e, nessa ocasião, como já vimos, experimentou a aflição pela perda do Menino durante três dias. Convivendo com Jesus, fez uma profunda experiência de fé: aquela criança que pegava nos braços; que comia o pão, fruto do que ganhava como carpinteiro; aquele Menino que "crescia em estatura, sabedoria e graça diante de Deus e dos homens" (Lc 2,52), era o Filho de Deus, o Messias, o Salvador. Mas estava ali, dependendo de seu trabalho, de sua proteção e de seu carinho. Diariamente fazia a experiência do mistério.

Por tudo o que São José significou para Jesus, por sua fidelidade e por seu senso de responsabilidade, compreende-se que a Igreja tenha desejado colocar-se sob sua proteção: é padroeiro da Igreja Universal (Pio IX, 08.12.1870). Porque ele é o padroeiro de nossa grande família, pedimos: "São José, rogai por nós!"

Lucas

Tudo indica que o evangelista Lucas tenha ouvido de Maria, ou de alguém que tenha tido contato com ela, aquilo que escreve a respeito da infância de Jesus. É o evangelista que faz o maior número de referências à Mãe de Jesus: dos 152 versículos do Novo Testamento referentes a ela, 89 estão no seu Evangelho e um nos Atos dos Apóstolos.

Por duas vezes Lucas faz referências a acontecimentos marcantes que Maria meditava em seu coração (Lc 2,19 e 51). Lembra também suas alegres surpresas (2,33 e 48) e suas preocupações momentâneas (1,29; 1,34 e, sobretudo, 2,50); apresenta seus passos (1,39-56), sua oração (1,38.46-54; cf. 2,19 e 51) e seu relacionamento com Deus; faz ainda referências à sua fé, semelhante à nossa quanto à condição de obscuridade (1,29; 2,50), mas sem as vacilações de Zacarias (1,20).

O Evangelho da Anunciação, composto por três partes – irrupção da Boa Nova (1,28-29), esclarecimento a respeito da origem humana do Messias (1,30-33) e, de forma velada, de sua origem divina (1,34-36) –, apresenta traços da fisionomia espiritual de Maria. Sua humilde situação humana contrasta com sua grandeza segundo a graça: ela é uma mulher pobre, feita rica por Deus (Lc 1,28). O texto da Anunciação deixa claro que Deus teve sobre Maria um olhar de benevolência, enriquecendo-a com suas graças, não em vista dela mesma, e muito menos por merecimentos que pudesse ter, mas por pura gratuidade, em vista da missão que lhe fora reservada.

No *Magnificat* (cf. Lc 1,46-55), Maria manifesta a consciência que tinha de sua condição e de sua situação em relação a Deus. Coloca-se ao lado dos pobres e humildes que são, segundo a Bíblia, os preferidos de Deus.

O livro dos Atos dos Apóstolos destaca a presença de Maria no nascimento da Igreja: **"Todos eles perseveravam unanimemente na oração, juntamente com as mulheres, entre elas, Maria, Mãe de Jesus, e os irmãos dele"** (At 1,14). Ela, que concebera Jesus por obra do Espírito Santo, era também uma das destinatárias do dom do Espírito Santo em Pentecostes. Tornava-se testemunha de Jesus (cf. At 1,8) e dos acontecimentos mais importantes da História da Salvação, que em seu Filho têm o ponto mais alto. A partir dali, iluminada pelo Espírito Santo, Maria compreendera tudo o que Jesus ensinara e fizera (cf. Jo 14,26) – isto é, aquilo que, com tanto cuidado, ela própria havia guardado em seu coração. Aquela que, por obra do Espírito Santo, gerara Jesus, era agora, no meio da Igreja, memória viva do Salvador.

MATEUS E LUCAS

Os evangelistas Mateus e Lucas escolheram episódios bem diferentes entre si:

Mateus, capítulos 1 e 2: Visita dos Magos, Matança dos Inocentes e Fuga para o Egito. Há uma abertura para o mundo: os visitantes vêm do estrangeiro; a fuga de Jesus é para um país estrangeiro.

Lucas, capítulos 1 e 2: Anunciação, Visitação, Apresentação e Reencontro no Templo. Trata-se dos relacionamentos de Cristo com Israel e Jerusalém, com a Lei e o Templo.

Ambos escreveram para alimentar a espiritualidade de um ambiente judaico-cristão.

Nos dois primeiros capítulos de Mateus e Lucas encontramos os dados que temos a respeito da infância de Jesus: nascimento em Belém, infância em Nazaré, nome de Jesus dado pelo anjo (Mt 1,21; Lc 1,31), concepção virginal por obra do Espírito Santo. José não é o verdadeiro pai de Jesus (Mt 1,18 e 25; Lc 1,34-35), mas o anel genealógico que liga Jesus a Davi (Mt 1,16; Lc 3,23), uma vez que, para os judeus, a descendência não era tanto uma questão biológica mas jurídica e moral – daí, inclusive, a divergência entre as duas genealogias de Cristo.

Há uma diferença chave entre os dois evangelistas:

• **Mateus** apresenta a infância do ponto de vista de José, cabeça da Sagrada Família e testemunha do mistério do nascimento virginal. É ele que vemos agir, refletir e debater-se com Deus e com os homens. Maria está em segundo plano.

• **Lucas**, ao contrário, coloca-se do ponto de vista de Maria. É a partir dela que conta os vários episódios da infância de Jesus. Maria é a mãe que guarda tudo em seu coração (Lc 2,19 e 51).

A HUMANIDADE E A ENCARNAÇÃO DO VERBO

No Natal, todo o universo se alegra. Cada uma das criaturas participa dessa festa, dando sua colaboração e seu presente:

Os **anjos** cantam: "Glória a Deus no mais alto dos céus e na terra paz aos homens, objetos da benevolência (divina)" (Lc 2,14).

O **Céu** dá uma estrela, que orienta os Magos vindos de tão longe: "Eis que a estrela, que tinham visto no Oriente, foi precedendo-os até chegar ao lugar onde estava o menino e ali parou" (Mt 2, 9b).

Os **magos do Oriente**, tendo entrado na casa e achado o menino com Maria, sua Mãe, dão-lhe sua adoração, reconhecendo estar diante do "rei dos judeus que acaba de nascer" (Mt 2,2); e, "abrindo seus tesouros", oferecem-lhe "ouro, incenso e mirra" (Mt 2,11).

Os **pastores**, que vivem nos arredores de Belém, guardando seu rebanho nos campos durante as vigílias da noite, tendo ouvido o anúncio do anjo, dizem uns aos outros: "Vamos até Belém e vejamos o que se realizou e o que o Senhor nos manifestou" (Lc 2,15). Tendo ido com grande pressa, encontram "o menino deitado na manjedoura" (Lc 2,16). Dão, então, a Maria e a José o testemunho do que se lhes havia dito a respeito do menino (cf. Lc 2,17); a Deus, dão a glória e o louvor "por tudo o que tinham ouvido e visto, e que estava de acordo com o que lhes fora dito" (Lc 2,20).

A **terra** dá a seu rei uma gruta, já que não há lugar para ele na hospedaria (cf. Lc 2,7).

Os animais dão à criança que nasce uma manjedoura, onde é colocada, envolvida em faixas (cf. Lc 2,7).

A **humanidade**, por sua vez, dá-lhe o presente mais importante: **a Mãe**. Em Maria, nossa irmã na ordem da criação, "o verbo se fez carne e habitou entre nós" (Jo 1,14). Por isso, também nós estamos presentes na gruta de Belém, na contemplação, na adoração e nas homenagens que a Criação presta àquele no qual fomos escolhidos, "antes da criação do mundo, para sermos santos e irrepreensíveis" (Ef 1,4), diante de Deus, Pai de nosso Senhor Jesus Cristo.

Um pastor na gruta de Belém

Ela não sabe que eu não tenho jeito, que nunca tive jeito para pegar criancinhas recém-nascidas. Nem meus filhos eu sabia segurar direito, quando tinham essa idade. Bem que minha mulher repetia, cada vez: "Cuidado! Não é assim que se pega!" Sempre cuidei de ovelhas, e elas, mesmo quando pequenas, são mais pesadas e duras que uma criança.

Minhas mãos estão cheias de calos; ou por causa do cajado que levo sempre comigo, ou por tudo que precisam carregar, cada dia. Por isso, quando a Mãe do Menino – *Maria*, dissera-me José – tirou seu filho da manjedoura, dando-me a entender que ia colocá-lo em meus braços, minha vontade foi de lhe dizer: "Desculpe-me, mas não vou pegá-lo! Não tenho jeito, pois sou apenas um pastor!" O gesto dela, porém, foi mais rápido do que meus pensamentos: ainda pensava como começar a desculpar-me, e ela já havia colocado a criança no meu colo.

Não é possível: eu, um pastor, segurando nas mãos o *Salvador*, o *Cristo Senhor*, como dissera o anjo. Por sinal, quando ele apareceu para mim e para meus companheiros, deu-nos um sinal a respeito do Menino que nasceu para nós, na cidade de Davi: "Encontrareis um recém-nascido envolto em faixas e posto numa manjedoura" (Lc 2,12).

É este, não há dúvida. Mas é apenas uma criança, muito parecida com meus meninos, quando nasceram! Como é que o Filho de Deus pode ser assim – isto é, uma criança igual a tantas outras? E por que nasceu aqui, nesta gruta? Bem, se o anjo nos tivesse mandado ir a um palácio para ver o Salvador, nunca que eu iria lá e, certamente, nem meus companheiros. Quem deixaria um pastor como eu entrar num palácio? Com estas roupas? Mesmo que fosse, não teria coragem de levar o presente que trouxe aqui. Vi que, quando dei para Maria e José a única coisa que tinha comigo – o lanche que minha mulher preparara para esta noite –, agradeceram-me tanto que parecia que lhes tinha dado o presente mais bonito e rico do mundo. Ia até pedir-lhes desculpas por não ter coisa melhor para lhes oferecer, mas eles, parecendo saber o que ia lhes dizer, não me deixaram falar. Perguntaram-me se não queria tomar chá – e nesta noite fria, quem é que iria recusar?

Esta criança é o Filho do Altíssimo! Quando apareceram para nós e cantaram, os anjos nos falaram que os homens e as mulheres são amados por Deus. Ele deve nos amar muito mesmo! Eu não daria nenhum de meus filhos, nem para meu maior amigo, nem por todas as riquezas do mundo! E Ele está nos dando seu único Filho!

É meu! Está aqui em minhas mãos! Tenho direito de dizer que é meu, pois o anjo falou claramente: "Nasceu *para vós* o Salvador!" Acho que é por isso que sua Mãe não está preocupada com minha falta de jeito, com meu braço duro e minhas mãos pesadas: sabe que tenho o direito de segurá-lo.

Vejo a impaciência de meus colegas pastores: também eles querem pegar o Salvador nas mãos. Tudo bem, vou entregá-lo. Afinal, ele nasceu também para eles. Mas a alegria que sinto por estar aqui, nesta noite, vendo o que estou vendo, essa alegria nunca, ninguém, vai me tirar, jamais! Ao contrário, farei questão de levá-la para todos os lugares aonde for, para todas as pessoas que encontrar. Vou sair por aí, glorificando e louvando a Deus tudo o que estou vendo e ouvindo. Pelo que conheço de meus colegas, não louvarei e glorificarei sozinho a este Deus maravilhoso, que, nunca tinha pensado!, é Pai! Ninguém vai conseguir calar a minha voz. Afinal, poderei dizer que o Salvador, o Cristo Senhor, esteve em minhas mãos: pude beijá-lo e acariciá-lo, e até lhe falei baixinho. Ele pode não ter entendido minhas palavras, mas vi que Maria e José escutaram e sorriram, quando lhe disse: "Jesus, eu te amo!".

Agora estou entendendo o que quer dizer Emanuel: é Deus conosco! Antes eu sabia; agora, experimento em meu coração. Deus está comigo, está conosco, enche minha vida de esperança e de sentido. Deus-conosco, Deus-amor! É isso que estou descobrindo! Daqui para frente, direi, tantas vezes quantas puder: *Deus está no meio de nós! Ele tem o nosso rosto e nos ama! Ele veio para nos salvar! Glória a Deus no céu! Paz na terra aos homens que Ele ama!*

João

No Evangelho de São João, duas são as passagens diretamente ligadas a Maria: Caná (Jo 2,1-12) e Calvário (Jo 19,25-27). É preciso levar em conta os pontos de contato que essas passagens têm entre si e o lugar que ocupam no Evangelho de João.

Caná e Calvário aludem à função de Maria na "hora" de Jesus, aquela hora que ele teve sempre diante de si: a Cruz gloriosa e salvífica. Nos dois momentos, o evangelista a chama de a *Mãe de Jesus*; Jesus a chama de *mulher*. Há, aqui, uma referência a Gn 3,15. Na nova criação, que começa com Cristo, o novo Adão, Maria é a nova Eva (cf. RMa 24).

Para o evangelista João, Caná e Calvário são os momentos mais significativos do ministério de Jesus: em um faz o primeiro milagre, que inaugura a vida pública; em outro, tudo se completa.

Caná é o símbolo não só do banquete eucarístico, mas também das núpcias escatológicas de Deus e da humanidade, que a Eucaristia significa e prepara. A intercessão eficaz da Mãe de Jesus em Caná é sinal e prelúdio de sua intercessão no céu.

Depois, separada de seu Filho durante a vida pública, Maria o reencontra no Calvário e, ao morrer, Jesus lhe confia a última missão (Jo 19, 25-27). Na pessoa do discípulo predileto, Maria torna-se mãe de todos os discípulos do Salvador.

AS SETE PALAVRAS DE NOSSA SENHORA

Os Evangelhos nos guardaram sete palavras de Nossa Senhora: Duas dirigidas **ao anjo**, por ocasião da Anunciação:
• *Como se fará isso, pois não conheço homem?* (Lc 1,34).
• *Eis aqui a serva do Senhor. Faça-se em mim segundo a tua palavra* (Lc 1,38).
– Duas dirigidas **a Isabel**, quando a visitou:
• em primeiro lugar, para saudá-la: *Entrou em casa de Zacarias e saudou Isabel. Ora, apenas Isabel ouviu a saudação de Maria...* (Lc 1,40-41). O evangelista não registra que expressões Maria usou em sua saudação.
• depois, para louvar o Senhor, no *Magnificat*: *A minh'alma engrandece ao Senhor...* (Lc 1,46-55).
Duas dirigidas **ao Filho**:
• a primeira no Templo, em Jerusalém: *Meu filho, que nos fizeste? Eis que teu pai e eu andávamos à tua procura, cheios de aflição!* (Lc 2,48);
• a segunda, em Caná, da Galileia, por ocasião de um casamento: *Eles já não têm vinho!* (Jo 2,3).
Uma dirigida **aos servidores do casamento de Caná**:
• *Fazei o que ele vos disser!* (Jo 2,5).

AS SETE DORES DE NOSSA SENHORA

Lendo o Evangelho e acompanhando os passos de Jesus, o povo acostumou-se a ver, a seu lado, a presença discreta e silenciosa de sua Mãe. Descobriu, por exemplo, que ela participou de perto de seus sofrimentos redentores. Passou, então, a chamá-la de *Senhora das Dores, Nossa Senhora das Dores*, especialmente sensibilizado por algumas situações que ela viveu:

- A profecia de Simeão, no Templo de Jerusalém (Lc 2,22-35).
- A perseguição de Herodes e a fuga da Sagrada Família para o Egito (Mt 2,13-23).
- A perda do Menino Jesus, aos doze anos (Lc 2,41-52).
- Os sofrimentos de Jesus no Calvário (Jo 19,25-27).
- A morte de seu Filho na cruz (Jo 19,28-30).
- A acolhida do corpo de Jesus, descido da cruz (Jo 19,40).
- A deposição do corpo de seu Filho no sepulcro (Jo 19,41-42).

OS IMPREVISTOS DE MARIA

O evangelista Lucas narra que, terminada sua missão junto a Maria, *o anjo afastou-se dela* (Lc 1,38). A partir daí, a Mãe de Jesus passou a viver na fé, merecendo, justamente por isso, um elogio de Isabel: *Bem-aventurada és tu que creste!* (Lc 1,45). Os evangelistas testemunham alguns dos imprevistos vividos por Maria:

- A visita do anjo em Nazaré (Lc 1,26-38).
- O nascimento de Jesus numa estrebaria (Lc 2,1-7).
- O canto dos anjos e a visita dos pastores (Lc 2,8-20).
- A visita dos magos do Oriente (Mt 2,1-12).
- A espada predita por Simeão (Lc 2,34-35).
- A fuga para o Egito (Mt 2,13-23).
- A perda de Jesus, quando estava com doze anos (Lc 2,41-52).
- A paixão, morte, ressurreição e ascensão de Jesus (Jo 18-21 e At 1).

Apocalipse 12

O capítulo 12 do livro do Apocalipse é um texto misterioso e obscuro, já que revestido de muitos símbolos: uma mulher vestida de sol, com uma coroa de doze estrelas na cabeça, dá à luz um filho, que o dragão quer devorar; o filho é arrebatado para junto de Deus e ela foge para o deserto etc. O gênero profético mistura aqui os acontecimentos e as profecias.

A "mulher" do Apocalipse é, antes e acima de tudo, a Igreja, o povo de Deus. Mas é aceita por muitos exegetas a ideia de que esse capítulo se refere também a Maria. É muito comum na Bíblia um texto referir-se a duas realidades ou até a três: o capítulo sexto do Evangelho de São João, por exemplo, refere-se ao mesmo tempo ao maná, à fé e à Eucaristia, porque essas realidades correspondem a um mesmo desígnio de Deus.

Os que aceitam que este capítulo se refira também a Maria, lembram que João faz referências à mulher como a Mãe do Messias. Ora, qualquer cristão do final do primeiro século não se reportaria à Mãe do Messias sem pensar em Maria, a Mãe de Jesus.

A mulher vestida de sol lembraria Maria, ao pé da cruz (Jo 19,25-27): no momento em que Jesus entregava-se nas mãos do Pai, a comunidade estava representada por sua mãe, que recebeu nova missão: ser mãe também do discípulo amado que, por sua vez, ali representava os discípulos de Jesus.

A "mulher vestida de sol" é Maria, a "cheia de graça": o sol, na Bíblia, é símbolo de Deus; Maria é totalmente envolvida por seus favores. A mulher que gera o filho é Maria, que deu à luz Jesus, em Belém. Os sofrimentos dessa mulher lembram o caminho de fé de Maria: proclamada "bem-aventurada" por Isabel, justamente porque acreditou em Deus, capaz de realizar o que parecia impossível; proclamada bem-aventurada pela Igreja, porque caminhou na escuridão da fé. A mulher que foge para o deserto lembra Maria, que pertencia à comunidade de Jerusalém, perseguida após a morte e ressurreição de Cristo. Enfim, a "mulher revestida de sol", que tinha a lua debaixo de seus pés e estava coroada de estrelas, é Maria glorificada, moradora do novo céu e da nova terra (cf. Ap 21,1), já presente, pois, na Jerusalém celeste, onde não há mais lágrima, nem morte (cf. Ap 21,4).

A cena descrita nesse capítulo corresponde a Gn 3,15-16; a mulher representa o povo santo dos tempos messiânicos. É possível que João pense também em Maria, a nova Eva, a filha de Sião, que deu nascimento ao Messias. Para a Liturgia, a mulher vestida de sol que mora no céu de Deus é Maria, imagem do que a Igreja é chamada a ser. Naquela mulher, a Igreja se vê a si mesma, chamada a gerar o Cristo na história, em meio a inúmeras dificuldades.

Maria na Bíblia: conclusão

Maria tem na Bíblia um lugar modesto; quando aparece é sempre em função de Cristo, e não por si mesma. Sua importância consiste justamente na intimidade das ligações com Jesus.

Se fizermos um balanço dos dados da Sagrada Escritura sobre ela, vamos ter:

> • *um núcleo de dados claros e diretos:* Maria é santa, virgem e Mãe do Salvador. Entre todas as criaturas, somente ela esteve presente nos momentos fundamentais da História da Salvação. Trata-se de uma presença discreta e, no mais das vezes, silencio-

sa: está sempre pronta a acolher os desígnios de Deus;

• *um conjunto de indicações:* numa visão geral, vemos que ela assume tarefa semelhante à de Eva e à de Abraão, tornando-se, com seu *sim*, acolhedora da Palavra que gerou a vida e mãe de um grande povo.

Cabe à Igreja continuar descobrindo o papel e a missão de Maria, "meditando em seu coração" tudo aquilo que lhe foi revelado.

Dois mil anos de história: um longo caminho para conhecer Maria

5

Maria está presente na missão da Igreja. Essa presença encontra múltiplos meios de expressão.

Depois de nos ter falado muitas vezes e de muitos modos pelos profetas, Deus falou-nos pelo seu Filho (Hb 1,1-2). Crucificado, morto e sepultado, Jesus ressuscitou, subiu aos céus e enviou-nos o Espírito Santo. Depois disso, "muitos empreenderam compor uma história dos acontecimentos que se realizaram entre nós, como no-los transmitiram aqueles que foram desde o princípio testemunhas oculares e que se tornaram ministros da Palavra" (Lc 1,1-2). Como resultado desse esforço e, especialmente, da ação do Espírito Santo, temos os Evangelhos, os Atos dos Apóstolos, as Cartas e o livro do Apocalipse.

Com a morte do último apóstolo, concluiu-se a Revelação. A Igreja passou a ter em mãos um tesouro de valor inestimável, que deveria ser repartido com todos os homens e mulheres, de todos os tempos e lugares. O Espírito Santo, autor principal dos livros sagrados, recorda-nos tudo o que Jesus havia ensinado (cf. Jo 14,25-26) e faz com que a Igreja tire de seu tesouro "coisas novas e velhas" (Mt 13,52). É por isso que, continuamente, surgem novas luzes sobre os ensinamentos de Jesus e, consequentemente, ganha novos contornos o rosto de Maria.

O século II

Os documentos do segundo século são poucos; os tempos eram de expansão da Igreja e, também, de perseguição e martírio.

Santo Inácio de Antioquia, segundo sucessor de São Pedro em Antioquia († entre o ano 107 e 110): em suas cartas, escritas no navio enquanto era conduzido preso para Roma, afirmou que Cristo é da estirpe de Davi e de Maria; verdadeiramente nasceu, comeu e bebeu; verdadeiramente foi crucificado e morreu. O evento salvífico de Cristo apoia-se na real maternidade de Maria. A concepção virginal de Jesus, seu nascimento verdadeiro e a morte de cruz são três imensos mistérios que se realizaram no silêncio de Deus (Carta aos cristãos de Éfeso 18,1-2; 19,1-3).

São Justino († 165), que havia procurado na filosofia um sentido para a vida, encontrou-o no cristianismo, "única filosofia segura e proveitosa" (Diálogo com Trifão 8). Defendeu a concepção virginal de Jesus que, embora atestada no Evangelho, era contestada por contemporâneos seus. Foi o primeiro a destacar o paralelo entre Eva e Maria na História da Salvação – paralelo desenvolvido mais tarde por *Santo Ireneu* († aprox. 202). Para este, entre Eva e Maria há um paralelo e um contraste: nos dois casos, uma mulher tomou uma decisão que teve consequências para toda a humanidade. Eva desconfiou de Deus e lhe desobedeceu, enquanto Maria acreditou e lhe obedeceu. O resultado foi, de um lado, o pecado e a morte; de outro, a salvação e a vida (cf. PG 7,958-960).

Protoevangelho de Tiago: entre o ano 150-200 foi escrito, no Egito, esse livro apócrifo, que descreve a vida de Maria. Nele encontramos os nomes dos pais de Maria Santíssima, Joaquim e Ana. Escrito com muita imaginação e fantasia, teve grande repercussão na Idade Média, influenciando a devoção e a arte populares.

O século III

Orígenes († 253 ou 255) foi um dos primeiros a chamar Maria de *Theotókos* (Mãe de Deus – ano: 243). Ela é o modelo do perfeito discípulo: é preciso imitar Maria a fim de que Cristo nasça em nós.

Um papiro egipciano do ano 200, encontrado em 1917, contém uma bela e expressiva oração a Maria, referindo-se a ela como "Theotókos" (Mãe de Deus), demonstrando que esse título já era comum nas primeiras comunidades cristãs bem antes do Concílio de Éfeso (431):

> Sob a tua misericórdia nos refugiamos, Mãe de Deus!
> Não deixes de considerar as nossas súplicas em nossas dificuldades,
> mas livra-nos do perigo,
> única casta e bendita!

O século IV

No início do século IV, o imperador Constantino deu liberdade de culto aos cristãos (edito de Milão – ano 313), cessando assim as perseguições. Começaram, então, na Igreja, as dificuldades internas por causa de posições teológicas diferentes ou, até, opostas. Nesse período, o que contribuiu para desenvolver o conhecimento a respeito de Maria foi a necessidade de, por meio de sínteses exatas e objetivas, ter clareza quanto à natureza de Cristo (quem é ele realmente?); somente assim a Igreja poderia responder às afirmações heréticas. Os Concílios (Niceia: 325; Constantinopla I: 381; Éfeso: 431 e Calcedônia: 451) definiram que em Cristo há uma pessoa e duas naturezas, a divina e a humana. Ele é Deus e homem. Maria, como Mãe de Jesus, é Mãe do Filho de Deus. É Mãe de Deus.

Na imensa obra dos Padres da Igreja, as páginas marianas não são muito numerosas. Mas as que foram escritas testemunham seu interesse e amor por Maria.

São Basílio Magno († 369) defendeu a virgindade de Maria.

Santo Efrém (306-373), monge e diácono, contemplou Maria com um olhar profundo e concreto e compôs poemas para serem cantados pelas crianças:

> "Tua mãe, Senhor,
>
> ninguém sabe como chamá-la.
>
> Vamos chamá-la de Virgem?
>
> Mas eis o seu Filho!
>
> Esposa?
>
> Mas nenhum homem a conheceu!
>
> Se é difícil descrever tua mãe,
>
> quanto não será difícil, então, descrever-te?"

(1ª estrofe do Hino sobre o Nascimento, in: *Corpus Scriptorum Christianorum Orientalium*, 186, Syr. 82, Lovaina, 1959, p. 69-70.)

São Gregório de Nissa († aprox. 394) destacou que a resposta que Maria deu ao anjo, na Anunciação ("Como se fará isso, visto que não conheço homem?" – Lc 1,34), era uma expressão do voto de virgindade que teria feito (PG 46,1136).

> "Digamos em alta voz, segundo as palavras do anjo:
>
> Alegra-te, tu que tens o favor de Deus, o Senhor está contigo.
>
> De ti nasceu aquele que é perfeito em dignidade,
>
> e no qual reside a plenitude da divindade.
>
> Alegra-te, tu que tens o favor de Deus, o Senhor está contigo.
>
> Com a serva (Lc 1,38), o rei;

com a Imaculada, aquele que santifica o universo;

com a bela, o mais belo dos filhos dos homens,

para salvar o homem feito à sua imagem."

(De uma homilia atribuída a São Gregório de Nissa –
cf. Revista Marianum, Roma, 1963, n. 25, p. 98.)

Epifânio († 402), bispo de Salamina, no Chipre, acrescentou aos títulos *Theotókos* e Sempre Virgem, o de "Mãe dos Viventes", em oposição ao papel desempenhado por Eva.

Santo Ambrósio († 397) apresentou Maria como modelo das jovens que, pela virgindade, consagram-se a Deus (cf. *De Virginitatibus* 2,2,7).

"A vida de Maria representa para vós a imagem da virgindade: nela refulge como num espelho a beleza da castidade e o modelo das virtudes. Em vossa vida, procurai exemplos lá onde o ensinamento do bem vos faz ver claramente aquilo que deveis corrigir, que deveis imitar, que deveis manter."

(Liber de institutione virginis 7,49, PL 16, col. 333.)

Séculos V e VI

Santo Agostinho († 430): Maria é a Mãe de Cristo, e a Igreja é a mãe dos membros de Cristo. Se Cristo é a cabeça do seu corpo, Maria é o membro mais santo, mais eminente deste (cf. PL 46, 938). Maria concebeu o Filho de Deus, a Palavra de Deus, mas o "concebeu antes de tudo no seu espírito e só depois em seu ventre" (PL 38,1074). Essa fórmula agostiniana influenciará toda a tradição posterior.

"Ó Mãe, amamenta o nosso Alimento,

amamenta o Pão que veio do céu

e é colocado na manjedoura como o feno dos animais.

Amamenta Aquele que te fez para tomar corpo em ti:

sua concepção te doou o dom da fecundidade

e seu nascimento não tirou de ti a honra da virgindade."

(Sermões 369, PL 39, col. 1655.)

Em 431, no Concílio de Éfeso, o título *Theotókos* (Mãe de Deus) tornou-se oficial, parte integrante da doutrina e do ensino da Igreja. O Concílio aprovou a tese de *São Cirilo* de Alexandria († 444) sobre a união hipostática da natureza humana de Jesus Cristo com a pessoa divina do Verbo – isto é: Jesus Cristo é perfeito Deus e perfeito homem, de natureza igual à do Pai na divindade e à nossa na humanidade. Essas duas naturezas estão intimamente unidas em sua pessoa. Se as duas naturezas estão assim unidas, Maria, com propriedade, pode ser chamada de *Theotókos*.

"Adoramos (...) a indivisível Trindade (...),

glorificamos Maria sempre virgem, isto é, a santa Igreja! (...)

Alegra-te, Maria, Mãe de Deus,

tesouro digno de ser venerado pelo mundo inteiro,

luz sem ocaso (...),

templo que não desmorona e que contém Aquele que nada pode conter,

Mãe e virgem...

Por ti, a Trindade é santificada.

Por ti, a cruz é venerada em todo o mundo.

Por ti, o céu se regozija.

Por ti, alegram-se os anjos e os arcanjos.

Por ti, os demônios são debelados.

Por ti, o tentador é precipitado do céu.

Por ti, a criatura decaída foi elevada até o céu.

Por ti, o mundo inteiro, dominado pela idolatria,

chegou ao conhecimento da verdade.

Por ti, o santo batismo é recebido por aqueles que creem. (...)

Por ti, as igrejas foram fundadas em todo o mundo.

Por ti, os povos todos são levados à conversão."

> (Da homilia pronunciada por São Cirilo de Alexandria, bispo,
> na Igreja Santa Maria, em Éfeso – Hom. 4, PG 77, 992-996.)

Em Roma, no ano 432, o Papa Sisto III começou a construção da Basílica de Santa Maria Maior, a mais antiga igreja do Ocidente dedicada à Santíssima Virgem. Quis que essa igreja fosse um canto de louvor e ação de graças ao Senhor pela solene proclamação do dogma da maternidade divina de Maria Santíssima, ocorrida no ano anterior, em Éfeso.

No Oriente, começou a ser cantado o hino *Akáthistos* – palavra grega que significa *não sentado, de pé*. Trata-se do mais célebre hino mariano, a mais bela composição mariana do rito bizantino, "um esplêndido hino" (João Paulo II, 25.03.88).

Akáthistos canta o mistério da encarnação salvífica do Verbo de Deus, descreve a maternidade de Maria e canta seu papel no mistério de Cristo e da Igreja. Não é possível precisar o autor desse hino. Certamente, trata-se de um grande poeta, um eminente teólogo, um profundo contemplativo. O autor teve o mérito de traduzir, numa oração, a síntese da fé que a Igreja dos primeiros séculos professava a respeito de Maria. Tudo indica que esse hino, cujo original é em grego, tenha sido composto entre a segunda metade do século V e os primeiros anos do século VI, em Constantinopla.

"Queremos que este cântico universal, este poderoso e dulcíssimo hino seja a profecia de uma humanidade nova, a dos redimidos que no cântico de louvor se reconhecem irmãos. E, enquanto a experiência cotidiana nos põe diante das múltiplas formas de mal, que derivam da pobreza do nosso limite, a renovada contemplação da comum salvação no Verbo, encarnado no seio da Virgem, é anúncio constante de uma nova fraternidade naquele único Senhor, irmão e mestre, carne da nossa carne, no qual a criação vence toda a opacidade e se faz transparência do Invisível. (...) A história da Virgem é a história dos redimidos, história de toda a criatura" (João Paulo II, 25.03.88).

Akáthistos

Oferecimento inicial e *1ª estação* (N.B.: O hino tem 12 estações)

A ti, Mãe de Deus,
nossa guia sempre vitoriosa,
a ti, nossos cantos de vitória!
Eu, cidade por ti protegida,
ofereço-te este hino de louvor!
Com tua força invencível
salva-me de todos os perigos,
para que sempre te aclame:
Virgem e Esposa!

O mais sublime dos anjos
foi enviado dos céus
para dizer "Ave" à Mãe de Deus.
Vendo-te, Senhor, feito homem,
à sua angélica saudação
deteve-se extasiado diante da Virgem,
aclamando-a assim:

Ave, por ti resplandece a alegria!
Ave, por ti a maldição toda cessa!
Ave, reergues o Adão decaído!
Ave, tu estancas as lágrimas de Eva!
Ave, mistério que excede o intelecto dos homens!
Ave, insondável abismo aos olhares dos anjos!
Ave, porque és o trono do Rei Soberano!
Ave, porque tu governas quem tudo governa!
Ave, ó Estrela que o sol anuncias!
Ave, em teu seio é que Deus se fez carne!
Ave, por quem a criação se renova!
Ave, o Criador fez-se em ti criancinha!
Ave, Virgem e Esposa!

Estando cônscia Maria
de ser a Deus consagrada,
assim falou a Gabriel:
"A tua mensagem é misteriosa aos meus ouvidos,
e incompreensível ressoa à minha alma.
De uma Virgem o parto miraculoso
anuncias, exclamando: Aleluia!

Do século VII ao XI

Santo André de Creta (660-740), bispo, pregador e liturgista, percebeu, de modo particularmente profundo, a santidade original de Maria, ponto de partida da nova criação:

"O Salvador do gênero humano queria realizar, no lugar da antiga, uma nova criação e uma nova ordem. Como no passado, de uma terra virgem e não contaminada tinha tomado o barro para plasmar o primeiro Adão, assim agora, para realizar a própria encarnação, em lugar da terra primordial, se assim podemos dizer, escolheu, do meio da natureza, uma virgem absolutamente íntegra e sem mancha. (...) Ele se fez um novo Adão, ele, o criador de Adão, para regenerar o antigo, sendo ele totalmente novo e não sujeito aos limites do tempo".

(1° Sermão sobre a Natividade de Maria, PG 97, 813D-816ª.)

Desenvolveu-se, no Oriente, uma grande síntese doutrinal, bem expressa na devoção, na poesia e na arte, prejudicada, contudo, pela perseguição iconoclasta (720-843), que destruiu quase todas as obras artísticas então existentes; as que se conservaram testemunham a teologia e a mística da beleza que inspiraram a arte bizantina.

São João Damasceno († 749) destacou-se na defesa do uso de imagens. Sustentava que é lícito venerar ícones (= imagens), já que nossa veneração dirige-se à pessoa representada e nós honramos a Deus em suas obras (cf. PG 94,343, 1155, 1171). Numa homilia, exprimiu sua alegria pelo nascimento de Maria:

"Filha digna de Deus, beleza da natureza humana, correção da progenitora Eva! Graças ao teu nascimento, aquela que caiu foi reerguida, ó filha santíssima, honra das mulheres! Se a primeira Eva pecou e por ela entrou a morte, por ter servido à serpente contra o progenitor, Maria, ao contrário, fazendo-se serva da vontade divina, desmentiu a serpente mentirosa e introduziu no mundo a imortalidade".

(*Omelie cristologiche e mariane*, Città Nuova, Roma, 1980, p. 132.)

S. Anselmo de Canterbury (1033-1109), monge beneditino e bispo, inaugurou a teologia escolástica, que dará a Maria um lugar especial:

"Não existe nada que possa igualar Maria. Não existe nada, senão Deus, que seja maior que ela. Deus deu a Maria o próprio Filho, igual a ele mesmo, que somente ele gera de seu próprio coração. E de Maria formou-se um Filho, não um outro, mas o mesmo; assim este último é por natureza o único e o mesmo: filho comum de Deus e de Maria. Toda a natureza foi criada por Deus e Deus nasceu de Maria. Deus criou todas as coisas, e Maria gerou Deus. Deus, que fez todas as coisas, fez-se a si mesmo de Maria. E assim recriou tudo aquilo que tinha feito. Aquele, que poderia fazer todas as coisas do nada, não quis recriar sem Maria aquilo que tinha sido estragado. Deus é, portanto, o pai das coisas criadas, e Maria a mãe das coisas recriadas. Deus é o pai que põe o ser em todas as coisas, e Maria é a mãe que restabelece na sua integridade todas as coisas. Deus gerou aquele por meio do qual tudo foi feito; e Maria deu à luz aquele sem o qual absolutamente nada é bom. Verdadeiramente, o Senhor está contigo e por dom do Senhor toda a natureza se torna devedora de ti (...). Ó boa Mãe, suplico-te, por aquele amor com que amas os teus filhos, concede-me que também eu ame o Senhor como tu o amas e como tu queres que ele seja amado!"

(Oratio 52, col. 956.)

Séculos XII e XIII

São Bernardo de Claraval († 1153) tornou-se célebre com seus sermões sobre os mistérios de Cristo e de sua Mãe, em particular sobre a Anunciação e a Assunção. Maria é nossa mediadora junto ao mediador.

"Com muita propriedade Maria é comparada a uma estrela, porque assim como a estrela emite seu raio sem se alterar, da mesma forma a Virgem deu à luz o Filho sem ferir a sua integridade. O raio não diminui o brilho da estrela, nem o Filho, a integridade da Virgem. É ela a nobre estrela nascida de Jacó (cf. Nm 24,17), cujo raio ilumina todo o universo, cujo esplendor refulge nos céus. (...)
Ó tu, que na instabilidade deste mundo (...) és sacudido pelas tormentas e tempestades, (...) não desvies o olhar do fulgor dessa estrela, se não quiseres ser arrastado pelos furacões! Se contra ti se insurgirem os ventos das tentações e se bateres contra as rochas das tribulações, olha para a estrela, invoca Maria. Se és jogado pelas ondas da soberba, das ambições, da calúnia e da rivalidade, olha para a estrela, invoca Maria. Se és atirado de cá para lá pelas ondas da soberba, das ambições, da calúnia e do orgulho, olha para a estrela, invoca Maria. Se a ira, a avareza ou a concupiscência da carne sacudirem com violência a navezinha do teu espírito, olha para Maria. Se perturbado pela enormidade dos pecados, confuso pela vileza da consciência e aterrorizado pelo medo do juízo, começares a ser absorvido pela voragem da tristeza e pelo abismo do desespero, pensa em Maria.
Nos perigos, nas angústias e nas incertezas, pensa em Maria, invoca Maria. Ela esteja sempre na tua boca e no teu coração; e, para obter a ajuda de sua oração, não esqueças de seguir o seu exemplo. Seguindo-a, não te desvias; invocando-a, não desesperas; pensando nela, não erras. Com seu apoio não caís, sob sua proteção não temes, se ela te guia não te cansas, se te é propícia chegas ao fim."

(S. Bernardo de Claraval, SOB, Vol. IV, 2° Sermão, 17.)

No século XII começou a ser rezada a oração da "Ave-Maria", embora as duas partes que a compõem só apareçam unidas no final do século XV (1496).

Santo Alberto Magno (1206-1280), mestre de Santo Tomás de Aquino, insiste que Maria não gera a divindade, mas aquele que ela gera segundo a humanidade é a pessoa divina do Filho de Deus.

São Boaventura († 1274) e *Santo Tomás de Aquino* († 1274) colaboraram decisivamente para a formulação da doutrina mariana, fundamentada na relação singular de Maria com o Verbo feito carne para nos salvar. A maternidade divina passou a ser cada vez mais entendida não como uma maternidade somente física, mas na prospectiva espiritual enunciada por Santo Agostinho ("Maria concebeu Jesus antes de tudo no seu espírito e só depois no seu ventre"). Para Santo Tomás, "a honra dada à mãe retorna para seu filho, porque a mãe é honrada pelo filho" (Summa, III, q.25, ª5, ad.2).

Séculos XIV e XV

Duns Scoto († 1308) expôs a maneira como se verificou a redenção de Maria: foi preservada do pecado desde sua concepção, não por méritos próprios, mas em vista dos méritos de Jesus Cristo. Em outras palavras, a forma suprema de redenção não é purificar, mas preservar.

Dante († 1321), na terceira parte da "Divina Comédia" ("Paraíso"), descreve que foi conduzido por São Bernardo até a Virgem Maria. E o santo pediu à Mãe de Jesus que o poeta tivesse acesso ao próprio Deus.

> "Ó Virgem Mãe, filha do Filho teu,
> humilde e mais sublime criatura,
> pedra angular do desígnio do Céu. (...)
> Tal é teu império que, por certo, erra
> quem busca Graça, e a ti não recorre,
> como a voar sem asas quem se aferra.
> Não só a benignidade tua socorre
> a quem a implora, mas, por tua vontade,
> antes do rogo, muita vez, já ocorre.
> Em ti misericórdia, em ti piedade,
> em ti grandeza; é em ti que se consuma
> quanto haja uma criatura de bondade."
>
> (Dante, *A Divina Comédia*, Paraíso, Canto XXXIII, 1-3; 13-21.)

A piedade popular passou a representar a Virgem com o Menino, acentuando sempre mais seu aspecto humano: Jesus era apresentado nos braços de sua mãe, ou sendo amamentado por ela. A partir do século XIV, começaram a aparecer representações de Cristo crucificado com a Mãe das Dores aos pés da Cruz ("*Pietà*").

Percebe-se, na mariologia dessa época, duas formas de devoção: uma, mais sóbria e austera, onde o humano tendia a deixar-se absorver pela graça divina (estilo oriental, bizantino); outra, mais humana, mais familiar, na qual o divino desabrochava em um rosto humano (estilo ocidental). No Ocidente, Jesus e sua Mãe se "humanizaram", segundo o gosto do povo. A Virgem tornou-se uma "elegante senhora" italiana, flamenga, francesa, alemã, espanhola etc., servindo de tema para quadros dos mais célebres pintores.

Séculos XVI e XVII

A Reforma Protestante, criticando os "exageros das devoções marianas católicas", não só deixou de invocar Maria, mas passou a excluir qualquer manifestação de amor filial para com ela.

O Concílio de Trento (1545-1563) limitou-se a afirmar, em relação a Maria, a legitimidade de seu culto (cf. DS 1821-1825) e a declarar que, a propósito do decreto sobre a universalidade do pecado original, não tinha o propósito de nele incluí-la (cf. DS 1516).

Os jesuítas, em 1563, fundaram as Congregações Marianas, para os leigos desejosos de uma vida verdadeiramente cristã, à luz dos exemplos de Maria.

O *Beato José de Anchieta*, em 1563, quando prisioneiro dos índios no litoral brasileiro, escreveu, em latim, "De Beata Virgine Matre Dei Maria" (Sobre a Virgem Maria Mãe de Deus), conhecido como "O Poema da Virgem", com 5.787 versos:

> "Cantar ou calar?
>
> Mãe Santíssima de Jesus, os teus louvores
>
> hei de os cantar ou hei de os calar?
>
> A mente alvoroçada
>
> sente-se impelida pelo aguilhão do amor
>
> a oferecer a sua rainha uns versos...
>
> Mas receia com a língua impura
>
> decantar suas glórias:
>
> inúmeras culpas carregam-na de manchas.
>
> Como ousará mundana língua enaltecer
>
> a que encerrou no seio o Onipotente?"
>
> (Anchieta, *O Poema da Virgem*, Exórdio –
> Tradução portuguesa do Pe. Armando Cardoso, SJ – Paulinas, SP, 5ª edição, 1996.)

Em 1602, *Plácido Nigido*, justificando a necessidade de um tratado separado referente a Maria, usou, pela primeira vez, o termo "mariologia".

Bérulle († 1628) destacou a dignidade da Mãe de Deus e a obra do Espírito Santo nela; *São Francisco de Sales* (†1622) *e Bossuet* (†1704) escreveram páginas memoráveis sobre o amor da Mãe de Deus; *São João Eudes* (†1680) promoveu o culto litúrgico ao Sagrado Coração de Maria.

Século XVIII

São Luís Maria Grignion de Montfort (†1716) escreveu o "Tratado da Verdadeira Devoção à Santíssima Virgem", divulgado somente a partir de 1842, quando foi encontrado. Tornou-se, desde então, uma das obras mais importantes na espiritualidade mariana. Nessa obra, a devoção a Maria é colocada numa prospectiva cristocêntrica, que põe em primeiro plano a sabedoria eterna de Deus e o Espírito Santo. Para ele, fazer-se escravo de Jesus por meio de Maria significava escolher a liberdade em vez da escravidão do mundo e do pecado.

> "Foi por intermédio da Santíssima Virgem Maria que Jesus Cristo veio ao mundo, e é também por meio dela que ele deve reinar no mundo. (...) Maria é o santuário, o repouso da Santíssima Trindade, em que Deus está mais magnífica e divinamente que em qualquer outro lugar do universo, sem excetuar seu trono sobre os querubins e serafins; e criatura alguma, pura que seja, pode aí penetrar sem um grande privilégio."
>
> (S. Luís Maria Grignion de Montfort,
> *Tratado da Verdadeira Devoção à Santíssima Virgem*,
> Introdução, 1 e 5 – Vozes, Petrópolis, 21ª edição, 1995.)

No começo daquele século, tem início a tradição de se dedicar o mês de maio a Maria. Alguns livros com textos para cada dia desse mês ajudaram a difundir o costume.

S. *Afonso de Ligório* († 1787) escreveu "Glórias de Maria", livro mariano que, provavelmente, teve o maior número de edições em todo o mundo. Trata-se de um comentário à "Salve-Rainha", convidando os fiéis a recorrer a sua intercessão. Maria é apresentada como alguém que participa de nossa vida e da vida da Igreja.

> "Tendo sido a Santíssima Virgem elevada à dignidade de Mãe de Deus, com justa razão, a Santa Igreja a honra e quer que por todos seja honrada com o título glorioso de Rainha. Se o Filho é Rei (...), justamente a Mãe deve considerar-se e chamar-se Rainha. Desde o momento em que Maria aceitou ser Mãe do Verbo Eterno, (...) mereceu tornar-se Rainha do mundo e de todas as criaturas."
>
> (S. Afonso de Ligório, *Glórias de Maria*, Cap. I, I,1 – Editora Santuário,
> Aparecida, 2ª edição, 1987.)

Séculos XIX e XX

Os séculos XIX e XX conheceram duas definições dogmáticas marianas: *Imaculada Conceição* (1854 – Pio IX) e *Assunção* (1950 – Pio XII). Os papas incentivaram a devoção a Maria, insistiram no valor do Rosário, no poder intercessor de Maria e na conveniência de se celebrar suas festas.

O teólogo *Scheeben* (†1888) escreveu uma Mariologia em forma de doutrina sistemática, inserida como parte orgânica na Cristologia, esclarecendo, assim, qual o lugar de Maria na fé cristã.

A partir do século XIX multiplicaram-se as congregações religiosas masculinas e femininas com o nome e a espiritualidade mariana.

Alguns santuários tornaram-se centros de grandes peregrinações: *Rue du Bac – Santuário da Medalha Milagrosa*, em Paris (França – 1830), *La Salette* (França – 1846), *Lourdes* (França – 1858), *Fátima* (Portugal – 1917) e outros.

Poetas (Péguy, 1873-1914: "Tantos filhos sobre os braços", Rilke, 1875-1926: "Vida de Maria", Paul Claudel, 1868-1955: "O anúncio a Maria") e místicos (Teresa de Lisieux, 1873-1897: "Por que te amo, Maria", Elisabeth da Trindade, 1880-1906: "O Segredo de Maria", Maximiliano Kolbe, 1894-1941: Cartas, conferências, homilias, etc.) escreveram páginas belíssimas sobre Maria Santíssima, popularizando as reflexões dos teólogos. Dentre os teólogos-mariólogos, destaca-se René Laurentin, com uma vasta obra mariana. Merecem menção especial seus estudos sobre as aparições de Lourdes.

O período de *Pio XII* (1939-1958) foi marcado por grandes celebrações marianas: 1950 – Proclamação do dogma da Assunção; 1954 – Centenário da proclamação do dogma da Imaculada Conceição e Ano Mariano; 1958 – Centenário das aparições de Lourdes etc.

Do Concílio Vaticano II (1962-1965) aos nossos dias

Do ponto de vista mariológico, o Concílio Vaticano II (1962-1965) teve um momento muito especial: no início dos trabalhos, havia bispos que queriam o estudo e a aprovação de um documento mariano particular, que desse um grande destaque a Maria; outros desejavam que a reflexão mariana fosse inserida na Constituição Dogmática *Lumen Gentium* (Luz dos Povos), sobre a Igreja. Por pequena diferença (1074 votos contra 1114), prevaleceu a segunda posição.

O capítulo VIII da Constituição Dogmática *Lumen Gentium* – o mais importante documento do Concílio – intitula-se *A Bem-aventurada Virgem Maria Mãe de Deus no Mistério de Cristo e da Igreja*. Nele, Maria é apresentada como aquela que, livre e conscientemente, colaborou com a graça de Deus. A verdadeira devoção a Maria aparece como promoção da fé e do amor a Jesus, único mediador.

"A Virgem Maria é reconhecida e honrada como verdadeira mãe de Deus e do Redentor, pois recebeu em seu coração e em seu corpo a Palavra de Deus anunciada pelo anjo, e a deu à luz, como vida para o mundo. Em vista dos méritos de seu Filho, foi remida de maneira sublime, unida a ele por um vínculo estreito e indissolúvel e chamada ao papel e à dignidade suprema de mãe do Filho de Deus. Em virtude desse dom insigne da graça, portanto, é filha predileta do Pai e sacrário do Espírito Santo, colocada muito acima de todas as outras criaturas, terrestres e celestes. Pertence à raça de Adão, juntamente com todos os humanos, que precisam ser salvos, mas é "realmente mãe de todos os membros (de Cristo), pois, pelo amor, cooperou no nascimento dos fiéis, que, na Igreja, são membros da mesma cabeça" (Santo Agostinho, *De S. Virginitate*, 6: PL 40,399). A Igreja Católica, instruída pelo Espírito Santo e cheia de piedade filial, saúda-a e a recebe como mãe amantíssima, considerando seu lugar de membro eminente e especialíssimo da Igreja, assim, como seu exemplo magnífico e modelar de fé e de amor."

(Concílio Vaticano II, LG 53.)

Por ocasião da promulgação dessa Constituição (21.11.64), Paulo VI proclamou Maria "Mãe da Igreja". Em 1974, esse Papa escreveu a Exortação Apostólica *Marialis Cultus*, para tratar de "alguns temas relativos ao lugar que a Bem-aventurada Virgem Maria ocupa no culto da Igreja" (Introdução).

O Papa São João Paulo II, desde o início de seu pontificado (1978) apresentou Maria como uma mãe presente junto a seus filhos – mãe que deseja ajudá-los a construir uma sociedade norteada pelos valores do Evangelho. Sua encíclica *Redemptoris Mater*, "Sobre a Bem-aventurada Virgem Maria na vida da Igreja que está a caminho" (25.03.87), pretendeu mostrar o significado que Maria tem no mistério de Cristo e o valor de sua presença ativa e exemplar na vida da Igreja: "Importa reconhecer que, antes do que quaisquer outros, o próprio Deus, o Pai eterno, confiou-se à Virgem de Nazaré, dando-lhe o próprio Filho no mistério da Encarnação" (RMa 39). Na Bula da Proclamação do Grande Jubileu do Ano 2000 (29.11.98), João Paulo II acentuou um aspecto da devoção mariana que tanto agrada ao povo de Deus: "Chamada a ser Mãe de Deus, Maria viveu plenamente a sua maternidade, desde o dia da concepção virginal até achar o seu coroamento no Calvário aos pés da cruz. Lá, por dom admirável de Cristo, tornou-se também Mãe da Igreja, a todos indicando a estrada que conduz ao Filho. Mulher do silêncio e da escuta, dócil nas mãos do Pai, a Virgem Maria é chamada "bem-aventurada" por todas as gerações, porque soube reconhecer as maravilhas que nela realizou o Espírito Santo. Jamais os povos se cansarão de invocar a Mãe da misericórdia, e sempre encontrarão refúgio sob a sua proteção" (São João Paulo II, *Incarnationis mysterium*, Bula da Proclamação do Grande Jubileu do Ano 2000, 14). Na Carta Apostólica *Rosarium Virginis Mariae* (2002), esse Papa, depois de destacar que o Rosário é "quase um compêndio" do Evangelho (n. 1) e de fazer convite para contemplarmos com Maria o rosto de Cristo (n. 3), propôs uma inserção, "deixada à livre valorização de cada pessoa e das comunidades" (n. 19): introduzir no Rosário os mistérios da vida pública de Cristo entre o Batismo e a Paixão – isto é, os *mistérios da luz* (id.)

Dentre as memoráveis páginas do Papa Bento XVI sobre a Mãe de Jesus, convém destacar a que está no final de sua Carta Encíclica *Deus caritas est:* "À vida dos santos não pertence somente a sua biografia terrena, mas também o seu viver e agir em Deus depois da morte. Nos santos, torna-se claro que quem caminha para Deus não se afasta dos homens, antes pelo contrário, torna-se verdadeiramente vizinho desses. Em ninguém vemos isso melhor do que em Maria. A palavra do Crucificado ao discípulo – a João e, através dele, a todos os discípulos de Jesus: 'Eis aí a tua mãe' (Jo 19,27) – torna-se sempre de novo verdadeira no decurso das gerações. Maria tornou-se realmente Mãe de todos os fiéis. À sua bondade materna e bem assim à sua pureza e beleza virginal recorrem os homens de todos os tempos e lugares do mundo nas suas necessidades e esperanças, nas suas alegrias e sofrimentos, nos seus momentos de solidão e também na partilha comunitária; e sempre experimentam o benefício da sua bondade, o amor inexaurível que ela exala do fundo do seu coração. Os testemunhos de gratidão tributados a ela, em todos os continentes e culturas, são o reconhecimento daquele amor puro que não se busca a si próprio, mas quer simplesmente o bem. (...) Maria, Virgem e Mãe, mostra-nos o que é o amor e donde este tem a sua origem e recebe incessantemente a sua força" (n. 42).

O Papa Francisco terminou sua primeira carta encíclica (*Lumen fidei*) com um capítulo dedicado a Maria, onde se lê: "A Mãe do Senhor é ícone perfeito da fé. (...) Em Maria, Filha de Sião, tem cumprimento a longa história de fé do Antigo Testamento (...). Na plenitude dos tempos, a Palavra de Deus dirigiu-se a Maria, e ela a acolheu com todo o seu ser, no seu coração, para que nela tomasse carne e nascesse como luz para os homens. (...) Na concepção virginal de Maria, temos um sinal claro da filiação divina de Cristo: a origem eterna de Cristo está no Pai – Ele é o Filho em sentido total e único – e, por isso, nasce, no tempo, sem intervenção do homem. (...) A verdadeira maternidade de Maria garantiu ao Filho de Deus uma verdadeira história humana, uma verdadeira carne na qual morre na cruz e ressuscita dos mortos. Maria o acompanha até à cruz (cf. Jo 19,25), de onde a sua maternidade se estende a todo o discípulo de seu Filho. Está presente também no Cenáculo, depois da ressurreição e ascensão de Jesus, para implorar com os Apóstolos o dom do Espírito (cf. At 1,14)" (n. 58-59).

MARIA NA AMÉRICA LATINA

Em sua esquadra de 1492, Cristóvão Colombo tinha uma caravela chamada "Santa Maria". Pedro Álvares Cabral, em 1500, trazia consigo uma imagem de Nossa Senhora da Esperança. Quer na América espanhola, quer na portuguesa, inúmeras igrejas construídas nos primeiros tempos foram dedicadas a Nossa Senhora, sob um dos inúmeros títulos com que era invocada na Espanha ou em Portugal. Os conquistadores costumavam colocar-se sob a proteção de Maria e voltavam-se para ela em seus momentos mais importantes e difíceis.

Embora as motivações que os haviam trazido para cá fossem, sobretudo, econômicas (riquezas para o reino), políticas (aumento do reino) e sociais (maior número de súditos para o rei), como filhos dos séculos XV e XVI, vieram trazidos, também, por motivações religiosas: queriam aumentar o número de cristãos. A verdade, contudo, é que não tinham a mínima preocupação com a cultura dos povos autóctones; daí o desprezo dos espanhóis pelas culturas – religião incluída – inca (Peru), asteca e maia (México), e, da parte dos portugueses, pela cultura dos índios do Brasil. Portugueses e espanhóis eram, também, devotos de Nossa Senhora e alegravam-se por poder torná-la mais conhecida e amada. Guardavam da devoção mariana mais as tradições que a espiritualidade, mais as festas que o desejo de imitá-la.

A resposta da Mãe de Jesus foi sua aparição, em Guadalupe (1531), a um indígena – "o menor dos meus filhos" –, com rosto de índia, apresentando-se como mãe e protetora. Anos mais tarde, no Brasil, feito refém dos índios, o catequista Anchieta testemunharia, referindo-se à Virgem Maria Mãe de Deus: "Enquanto, entre os tamoios conjurados,/ pobre refém, tratava as suspiradas pazes,/ tua graça me acolheu/ em teu materno manto/ e teu véu me velou intactos corpo e alma" (*O Poema de Anchieta*, versos 5779-5783).

Era o começo de uma história que seria profundamente mariana, a ponto de os bispos latino-americanos constatarem: "Sabe o povo que encontra Maria na Igreja Católica. A piedade mariana é com frequência o vínculo resistente que mantém fiéis à Igreja setores que carecem de atenção pastoral adequada" (DP 284). No campo da evangelização há, contudo, um grande caminho a ser percorrido. Em vista disso, a Igreja, "com nova lucidez e nova decisão quer evangelizar no fundo, na raiz, na cultura do povo". Compreende-se, pois, sua decisão de voltar-se para Maria, "para que o Evangelho se torne mais carne, mais coração na América Latina" (DP 303).

Eu creio - I

*Creio em Jesus Cristo,
que foi concebido pelo Espírito Santo
e nasceu da Virgem Maria.*

Do Concílio de Éfeso ao Credo[1] do Povo de Deus

O *Concílio de Éfeso* (431) declarou que Maria é a *Theotókos* = Mãe de Deus (cf. DS 250-264). Sua intenção era afirmar a unidade da pessoa de Cristo. Reconhecer que Maria é Mãe de Deus significa professar que Cristo, Filho de Maria segundo a geração humana, é Filho de Deus e Deus ele mesmo.

Em 1968, o Papa Paulo VI apresentou à Igreja **O Credo do Povo de Deus** (30.06.68), com o objetivo de repetir "substancialmente, com alguns desenvolvimentos exigidos pelas condições espirituais do nosso tempo (...), o "Credo" da imortal tradição da Santa Igreja de Deus" (Introdução). Nele estão incluídas as verdades professadas a respeito de Maria Santíssima.

"*Cremos que Maria é a Mãe* **sempre Virgem** *do Verbo Encarnado, nosso Deus e Salvador Jesus Cristo, e que, em razão desta eleição singular, ela foi, em consideração dos méritos do seu Filho, resgatada de maneira sublime,* **preservada de toda a mancha do pecado original** *e repleta do dom da graça, mais do que todas as outras criaturas. Associada por um vínculo estreito e indissolúvel aos Mistérios da Encarnação e da Redenção, a Santíssima Virgem Maria, a Imaculada, foi, no termo da sua vida terrestre,* **elevada em corpo e alma à glória celeste** *e configurada ao seu Filho ressuscitado, antecipando a sorte*

---

[1] "Credo" e Creio equivalem-se: *credo é creio* em latim.

*futura de todos os justos. Cremos que a Santíssima **Mãe de Deus**, Nova Eva, Mãe da Igreja, continua no céu a desempenhar o seu papel materno, em relação aos membros de Cristo, cooperando para o nascimento e desenvolvimento da vida divina nas almas dos resgatados."*

(N.B.: o negrito não é do original:
tem por finalidade destacar os quatro dogmas marianos.)

Mais de quinze séculos separam a afirmação do Concílio de Éfeso a respeito da maternidade divina de Maria, das afirmações acima do ***Credo do Povo de Deus*** – afirmações que nasceram depois de um longo trabalho de amadurecimento da vida e da fé da Igreja, guiada pelo Espírito Santo (cf. Jo 16,13), na fidelidade ao ensinamento dos apóstolos (cf. At 2,42).

A Cristologia e a Eclesiologia iluminam a Mariologia

A explicitação progressiva do mistério de Maria não foi buscada intencionalmente pela Igreja. Em Éfeso, tratava-se de definir quem era Jesus Cristo. Dessa definição nasceu a verdade mais importante a respeito de Maria: sua maternidade divina. Séculos mais tarde, no Concílio Vaticano II, a Igreja desejou "oferecer a seus fiéis e a todo o mundo um ensinamento mais preciso sobre sua natureza e sua missão universal" (LG 1). De uma reflexão sobre si mesma, nasceu a Constituição Dogmática *Lumen Gentium* que, no último capítulo – "A Bem-aventurada Virgem Maria Mãe de Deus no Mistério de Cristo e da Igreja" (Capítulo VIII), – "apresenta uma síntese vigorosa da fé e da doutrina da Igreja sobre o tema da Mãe de Cristo" (João Paulo II, RMa 2).

É importante insistir: as "descobertas" que, ao longo dos séculos, a Igreja fez a respeito de Maria não foram, normalmente, intencionais, isto é, a preocupação primária não era a busca de um maior conhecimento de Maria, mas, sim, o desejo de conhecer melhor Jesus Cristo (e seu mistério) e a Igreja (sua identidade e missão).

O povo cristão deve mostrar-se particularmente atento ao Magistério da Igreja, a quem cabe a missão e o carisma de garantir a fidelidade ao ensinamento de Cristo ao longo da história. O Concílio Vaticano II, além de reafirmar os ensinamentos do Concílio Vaticano I a respeito da infalibilidade pontifícia, insistiu na importância do ofício de ensinar que compete aos bispos, "mestres autênticos, dotados da autoridade de Cristo, que pregam ao povo, a eles confiado, a fé que deve ser crida e praticada" (LG 25), e esclareceu em que situações se pode falar da infalibilidade do colégio episcopal, tanto espalhado pelo mundo como reunido em concílio[2]. Destacou igualmente o

---

[2] "Isoladamente, os bispos não gozam da prerrogativa da infalibilidade. Proclamam, porém, de maneira infalível, a doutrina de Cristo quando, embora dispersos pelo mundo, mostram-se unidos entre si e com

papel do Espírito Santo no Magistério da Igreja: a ele cabe conservar e fazer progredir na unidade da fé todo o rebanho de Cristo. "Leva a Igreja ao conhecimento da verdade total. Unifica-a na comunhão e no ministério. Dota-a e dirige-a mediante os diversos dons hierárquicos e carismáticos. E adorna-a com seus frutos" (LG 4).

Para a Igreja, "a Sagrada Tradição e a Sagrada Escritura constituem um só sagrado depósito da Palavra de Deus confiado à Igreja" (DV, 10). O Magistério vivo da Igreja "não está acima da Palavra de Deus" mas a seu serviço, tendo por ofício "interpretar autenticamente a Palavra de Deus escrita ou transmitida". Do único depósito da fé, "tira o que nos propõe para ser crido como divinamente revelado" (id.).

A transmissão da revelação divina

Deus "deseja que todos os homens se salvem e cheguem ao conhecimento da verdade" (1Tm 2,4), isto é, de Jesus Cristo. É preciso, pois, que Cristo seja anunciado a todos os povos e a todos os homens, e que dessa forma a Revelação chegue até as extremidades do mundo. Cristo Senhor ordenou aos apóstolos que o Evangelho fosse por eles pregado a todos os homens.

> A transmissão do Evangelho, segundo a ordem do Senhor, fez-se de duas maneiras:oralmente – "pelos apóstolos, que na pregação oral, por exemplos e instituições, transmitiram aquelas coisas que ou receberam das palavras, da convivência e das obras de Cristo, ou aprenderam das sugestões do Espírito Santo"; por escrito – "como também por aqueles apóstolos e varões apostólicos que, sob inspiração do mesmo Espírito Santo, puseram por escrito a mensagem da salvação" (DV 7).

"Para que o Evangelho sempre se conservasse inalterado e vivo na Igreja, os apóstolos deixaram como sucessores os bispos, a eles transmitindo seu próprio encargo de Magistério" (DV 7). Com efeito, "a pregação apostólica, que é expressa de modo especial nos livros inspirados, devia conservar-se por uma sucessão contínua até a consumação dos tempos" (DV 8).

Essa transmissão viva, realizada no Espírito Santo, é chamada de Tradição, enquanto distinta da Sagrada Escritura, embora intimamente ligada a ela. Por meio da Tradição, "a Igreja, em sua doutrina, vida e culto, perpetua e transmite a todas as gerações tudo o que ela é, tudo o que crê" (DV 8).

---

o sucessor de Pedro, na sustentação legítima de uma mesma doutrina concernente à fé ou aos costumes, que deva ser tida como definitiva. É o que acontece de maneira absolutamente clara quando, reunidos num concílio ecumênico, agem como doutores e juízes da fé e dos costumes, para toda a Igreja. Suas definições devem ser acolhidas pela fé" (LG 25).

A Tradição da qual aqui falamos é a que vem dos apóstolos e transmite o que estes receberam do ensinamento e do exemplo de Jesus e o que receberam por meio do Espírito Santo. Com efeito, a primeira geração de cristãos ainda não dispunha de um Novo Testamento escrito, e o próprio Novo Testamento atesta o processo da Tradição viva.

Dela é preciso distinguir as "tradições" teológicas, disciplinares, litúrgicas ou devocionais surgidas ao longo do tempo nas Igrejas locais (cf. Catecismo da Igreja Católica, 74-78.83).

A riqueza dos dogmas marianos

Quando se pronuncia a palavra "dogma", as reações são diversas. Há os que o veem apenas de forma negativa, acreditando que ele negue a liberdade e seja até algo irracional. Outros o julgam racional demais, a ponto de se pretender aprisionar a mensagem da salvação em conceitos rígidos da razão ou em uma linguagem que se presumiria válida para todos os tempos mas que, de fato, não seria. Mais: ele se constituiria em obstáculo no diálogo entre a Igreja e o mundo, dificultando também o diálogo com as demais confissões religiosas.

Começa a surgir uma nova visão a respeito dos dogmas – nova, mas que, na verdade, é a que tinham os primeiros cristãos. Poucos anos depois de terem começado o trabalho evangelizador, os apóstolos sentiram necessidade de ter clareza sobre determinados pontos que começavam a dividir a Igreja. Foi essa necessidade que deu origem ao Concílio de Jerusalém – Concílio que apresentou a síntese de seus trabalhos de maneira magistral: "Pareceu bem ao Espírito Santo e a nós..." (At 15,28).

No original grego, o verbo usado é "édoksen", de onde deriva a palavra *dogma*. O dogma é, pois, uma obediência de fé; uma abertura a Deus; um momento de encontro de Deus com o homem e do homem com Deus; uma referência ao mistério; uma proclamação da ação salvadora de Deus na história em favor dos homens; um serviço à fé e à piedade do povo cristão. É uma baliza que indica o que já se conseguiu saber com certeza, e não um muro que impede a caminhada.

Os Concílios Ecumênicos

Os Concílios Ecumênicos são a expressão máxima do Magistério da Igreja. Dos vinte e um concílios ecumênicos, onze fizeram referência a Maria:

1) **Éfeso** (3º Ecumênico – 431): aprovou a doutrina de S. Cirilo de Alexandria que, propondo a verdadeira fé sobre a união pessoal ou hipostática da natureza humana de Jesus Cristo com a pessoa divina do Verbo, concluiu a verdade dogmática da maternidade divina de Maria Santíssima (DS 250-264 – especialmente: 252).

2) **Calcedônia** (4º Ecumênico – 451): "O único e mesmo Filho, nosso Senhor Jesus Cristo..., foi gerado pelo Pai eternamente segundo a divindade, e nos últimos tempos [foi gerado], por nossa causa e para a nossa salvação, de Maria virgem, Mãe de Deus, segundo a humanidade" (DS 301).

3) **Constantinopla II** (5º Ecumênico – 553): além de voltar a tratar do dogma da maternidade divina, incluiu também o dado da virgindade perpétua de Maria (cf. DS 422; DS 427). Foi essa a primeira vez que um concílio chamou a Mãe de Deus de *santa*. Foi também a primeira vez que Maria foi chamada *sempre virgem*.

4) **Constantinopla III** (6º Ecumênico – 680-681): ao definir as duas vontades e operações de Jesus Cristo, reafirmou a maternidade divina de Maria (cf. DS 555). (N.B.: Em Jesus, há uma só pessoa: ele é o Filho unigênito, o Verbo de Deus, o Senhor Jesus Cristo; mas há duas naturezas e operações, a divina e a humana, profundamente unidas entre si, sem divisões entre elas).

5) **Niceia II** (7º Ecumênico – 787): definiu a liceidade do culto às imagens de nosso Senhor Jesus Cristo, de Maria Santíssima, a Mãe de Deus, e dos anjos e santos (cf. DS 600-601).

6) **Constantinopla IV** (8º Ecumênico – 869-870): renovou a definição do culto às sagradas imagens do Salvador, de Maria Santíssima e dos santos (cf. DS 656).

7) **Latrão IV** (12º Ecumênico – 1215): reafirmou que Jesus Cristo, o Filho de Deus, foi concebido, por obra do Espírito Santo, de Maria sempre virgem (cf. DS 801).

8) **Lião II** (14º Ecumênico – 1274): reafirmou que o Filho de Deus nasceu do Espírito Santo e de Maria sempre virgem (cf. DS 852).

9) **Florença** (17º Ecumênico – 1438-1445): reafirmou que o Filho de Deus assumiu a natureza verdadeira e íntegra de homem no seio imaculado de Maria Virgem e uniu-a a si em unidade de pessoa (cf. DS 1337); que na humanidade que assumiu da Virgem nasceu verdadeiramente (cf. DS 1338). Condenou Valentino, que afirmara que o Filho de Deus nada havia recebido da Virgem Mãe, porém assumiu um corpo celeste e passou através do seio da Virgem como a água escorre por dentro de um aqueduto; e condenou também Ário, que afirmara que o corpo assumido da Virgem era privado de alma e que no lugar da alma estava a divindade (cf. DS 1341-1342).

10) **Trento** (19º Ecumênico – 1545-1563): no decreto sobre o pe-

cado original declarou que não era sua intenção incluir nele a santa e imaculada Virgem Maria, Mãe de Deus (cf. Sessão VI, DS 1516); afirmou que Maria Santíssima é considerada pela Igreja imune de toda culpa atual, ainda que mínima (cf. Sessão VII, DS 1573); renovou a afirmação da liceidade do culto das imagens de "Cristo, da Virgem Mãe de Deus e dos outros santos" (DS 1823).

11) **Vaticano II** (21º Ecumênico – 1962-1965): no Capítulo VIII da Constituição Dogmática *Lumen Gentium* esclareceu qual o lugar da Bem-aventurada Virgem Maria Mãe de Deus no Mistério de Cristo e da Igreja (cf. DS 4172-4179).

Síntese: Assim podem ser resumidas as verdades ensinadas pelos concílios a respeito de Maria Santíssima: ela é a Mãe de Deus; é a sempre virgem Maria; foi imune do pecado pessoal e tem um lugar único no mistério de Cristo e da Igreja; é permitido o uso de imagens em seu culto.

Os Papas e Maria

Do Magistério pontifício extraordinário temos as seguintes definições dogmáticas marianas:

• **Martinho I** (649-653): em seu tempo realizou-se o Sínodo Lateranense (outubro de 649), que declarou: "Se alguém não professa, segundo os Santos Padres, em sentido próprio e verdadeiro, que a santa, sempre virgem e imaculada Virgem Maria, Mãe de Deus – já que própria e verdadeiramente no fim dos tempos concebeu, sem colaboração humana, pelo Espírito Santo, e sem corrupção gerou o próprio Verbo de Deus, que antes de todos os tempos foi gerado por Deus-Pai – permaneceu virgem também depois do parto, seja condenado" (DS 503);

• **Paulo IV** (1555-1559): a beatíssima Virgem Maria é Mãe de Deus e permaneceu sempre na integridade da virgindade, a saber, "antes do parto, no parto e perpetuamente depois do parto" (7 de agosto de 1555; cf. DS 1880);

• **Pio IX** (1846-1878): definição dogmática da Imaculada Conceição da Bem-aventurada Virgem Maria (Bula *Ineffabilis Deus*, 8.12.1854 – DS 2800-2804): "Maria foi preservada imune de toda mancha de pecado original";

• **Pio XII** (1939-1958): definição dogmática da Assunção da Bem-aventurada Virgem Maria (Constituição Apostólica *Munificentissimus*

Deus, 1.11.1950 – DS 3900-3904): "Maria, terminado o curso da vida terrestre, foi assunta em corpo e alma à glória celestial".

Poderia ser acrescentada aqui uma longa série de ensinamentos papais sobre Maria Santíssima, feitos por meio de cartas encíclicas, radiomensagens, catequeses semanais, homilias etc. Por meio deles, os Papas destacaram e destacam a vocação e a missão de Maria; seu culto e seus títulos; sua presença na vida da Igreja e no dia a dia do cristão; a possibilidade, inclusive, de ser feita a consagração a Cristo pelas mãos de Maria etc.

MARIA NO CATECISMO DA IGREJA CATÓLICA

O Catecismo da Igreja Católica, de acordo com sua própria finalidade, não apresenta novidades no campo da mariologia, mas, sim, de forma sintética, o que já é parte integrante do patrimônio da Igreja. Recorda que ela é Mãe de Cristo pela ação do Espírito Santo; descreve as maravilhas da santidade que Deus nela operou e as razões da confiança do povo de Deus em sua proteção. Maria é aquela que "realiza da maneira mais perfeita a obediência da fé" (148); é "a realização mais pura da fé" (149).

(N.B.: No "Índice Analítico", que está no final do *Catecismo*, estão indicados os números em que há referências a Maria.)

MARIA E O EPISCOPADO LATINO-AMERICANO

A 1ª Conferência Geral do Episcopado Latino-Americano, realizada no **Rio de Janeiro**, de 24.07 a 04.08.1955, teve como objetivo central "o problema fundamental que aflige nossas nações, a saber: a escassez de sacerdotes". Nesse documento, há cinco breves referências à Virgem Maria, sendo que a mais significativa destaca que, na devoção a Maria Santíssima – "Mãe e Rainha do continente americano" –, está "o segredo da fecundidade" do trabalho apostólico que sacerdotes e fiéis "devem realizar nesta hora de tão graves responsabilidades para a América" (*Declaração*).

A 2ª Conferência, realizada em **Medellín** (1968), teve como tema: *A Igreja na atual transformação da América Latina à luz do Concílio.* No documento final dessa Conferência, encontramos somente uma referência a Maria Santíssima: "Em torno de Maria, Mãe da Igreja, que com seu patrocínio assiste este Continente desde sua primeira evangelização, imploramos as luzes do Espírito Santo e, perseverando em oração, alimentamo-nos do pão da Palavra e da Eucaristia" (Introdução, 8).

A 3ª Conferência, realizada em **Puebla** (1979), respondeu à pergunta: *Como evangelizar no presente e no futuro da América Latina?* Maria é apresentada como realização mais alta de evangelização; o grande sinal, de rosto materno e misericordioso, da proximidade do Pai e de Cristo (n. 282); é a "estrela da evangelização" (n. 303); "o vínculo resistente que mantém fiéis à Igreja setores que carecem de atenção pastoral adequada" (n. 284). Sem ela, "desencarna-se o Evangelho, desfigura-se e transforma-se em ideologia, em racionalismo espiritualista" (n. 301). "Sabe o povo que encontra Maria na Igreja Católica. A piedade mariana é com frequência o vínculo resistente que mantém fiéis à Igreja setores que carecem de atenção pastoral adequada. O povo fiel reconhece na Igreja a família que tem por mãe a Mãe de Deus. A igreja confirma o seu instinto evangélico segundo o qual Maria é o modelo perfeito do cristão, a imagem ideal da Igreja" (284-285).

A 4ª Conferência, realizada em **Santo Domingo** (1992), teve como tema: *Nova evangelização, promoção humana, cultura cristã. Jesus Cristo, ontem, hoje e sempre.* Maria é apresentada como aquela que acompanha os apóstolos quando o Espírito de Jesus ressuscitado penetra e transforma os povos das diversas culturas. É modelo da Igreja. É também modelo da evangelização da cultura. Está presente nas nossas terras como Mãe comum, tanto dos índios como daqueles que para cá vieram, propiciando desde o princípio a nova síntese cultural que é a América Latina e o Caribe (cf. n. 229). A piedade popular, tão importante neste Continente, encontra uma expressão especial na devoção à Santíssima Virgem (n. 53).

A 5ª Conferência, realizada em **Aparecida** (2007), teve como tema: *Discípulos e Missionários de Jesus Cristo, para que nele nossos povos tenham vida.* Maria é apresentada como a máxima realização da existência cristã; a discípula mais perfeita do Senhor; o primeiro membro da comunidade dos fiéis em Cristo; a grande missionária. "A Virgem Maria... nos recorda que a beleza do ser humano está toda no vínculo do amor com a Trinade, e que a plenitude de nossa liberdade está na resposta positiva que lhe damos" (141). "Nossos povos... encontram a ternura e o amor de Deus no rosto de Maria. Nela veem refletida a mensagem essencial do Evangelho...

Agora, desde Aparecida, convida-nos a lançar as redes ao mundo, para tirar do anonimato aqueles que estão submersos no esquecimento e aproximá-los da luz da fé. Ela, reunindo os filhos, integra nossos povos ao redor de Jesus Cristo" (265).

Eu creio - II

*Eu creio que Maria foi preservada
do pecado desde sua conceição;
que Maria é a Mãe de Deus;
que Maria foi sempre virgem;
que Maria foi assunta ao céu.*

O dogma da Imaculada Conceição

Falar da Imaculada Conceição de Nossa Senhora é fazer referência a um privilégio que ela recebeu: foi preservada do pecado original desde o primeiro momento de sua existência. A razão dessa graça excepcional reside na vocação que recebeu – a mais sublime das vocações: ser Mãe de Jesus Cristo, o Filho de Deus. Seu privilégio não reside, pois, em seus próprios méritos, mas nos merecimentos que Jesus Cristo adquiriria para a humanidade.
Duas passagens bíblicas estão no fundamento dessa verdade de fé:

– **Gn 3,15**: *Porei ódio entre ti e a mulher, entre a tua descendência e a dela. Esta te ferirá a cabeça e tu lhe ferirás o calcanhar.* Cristo e Maria são inimigos do demônio. Como poderia a Mãe do Filho de Deus ficar sob o seu domínio, mesmo que por um breve momento? Como poderia Jesus ter nascido de uma mulher sujeita ao pecado?

– **Lc 1,28**: *Entrando, o anjo disse-lhe: "Ave, cheia de graça, o Senhor é contigo".* Maria está repleta do favor, da graça de Deus. Estando totalmente possuída por Deus, não havia, em seu coração, espaço para o pecado.

Não há na Bíblia uma afirmação explícita que Maria tenha sido concebida sem pecado original. Trata-se de uma verdade que foi ganhando corpo na vida da Igreja ao longo de sua história.

História

Já no século II encontramos testemunhos de Santos Padres dizendo que Maria é a nova Eva, unida a Cristo, o novo Adão, na luta contra o demônio. No século IV, Santo Efrém afirmou que só Cristo e Maria são limpos e puros de toda a mancha.

A doutrina da Imaculada Conceição não foi aceita por todos, nem em todos os tempos e lugares. Houve até grandes teólogos que não a defenderam. Pensavam assim: Cristo veio ao mundo para salvar todos os homens e mulheres do pecado, sem exceção. Maria fazia parte da humanidade; portanto, também tinha o pecado original, do qual ficou livre depois da Redenção de Cristo.

Coube a Duns Scoto († 1308), teólogo da Escola Franciscana, dar a resposta que passaria a orientar a teologia: *Maria foi preservada do pecado original **em previsão** dos méritos de Cristo.* Isto é, não fosse essa graça especial, também ela teria tido o pecado original. Sua tese ficou famosa: *"Convinha que Deus fizesse a exceção; podia fazê-la; portanto, fê-la!"* Convinha: como ficaria sujeita ao pecado aquela que veio para gerar Jesus Cristo, o libertador do pecado? *Podia:* "Nada é impossível para Deus!" Ele sabia que seu Filho derramaria o sangue para a salvação de todos. Podia, pois, aplicar nela, antecipadamente, os merecimentos que ele obteria para a humanidade. *Fê-la:* Maria foi preservada de todo o pecado.

A partir do século XV, fortaleceu-se a crença na Imaculada Conceição. Algumas universidades europeias a defendiam e exigiam de seus mestres o juramento de defendê-la. Já em 1476, celebrava-se uma festa em sua honra.

A definição dogmática

A definição oficial do dogma da Imaculada Conceição foi feita por Pio IX, em 8 de dezembro de 1854:

> "Em honra da santa e indivisa Trindade, para decoro e ornamento da Virgem Mãe de Deus, para exaltação da fé católica, e para incremento da religião cristã, com a autoridade de Nosso Senhor Jesus Cristo, dos bem-aventurados Apóstolos Pedro e Paulo, e com a Nossa, declaramos, pronunciamos e definimos:
>
> **A doutrina que sustenta que a beatíssima Virgem Maria, no primeiro instante da sua Conceição, por singular graça e privilégio de Deus onipotente, em vista dos méritos de Jesus Cristo, Salvador do gênero humano, foi preservada, imune de toda mancha de pecado original; essa doutrina foi revelada por Deus e, por isto, deve ser crida firme e inviolavelmente por todos os fiéis.**
>
> Portanto, se alguém (que Deus não permita!) deliberadamente entende de pensar diversamente de quanto por Nós foi definido, conheça e saiba que está condenado pelo seu próprio juízo, que naufragou na fé, que se

separou da unidade da Igreja, e que, além disso, incorreu por si, 'ipso facto', nas penas estabelecidas pelas leis contra aquele que ousa manifestar oralmente ou por escrito, ou de qualquer outro modo externo, os erros que pensa no seu coração" (DS 2803-2804).

É preciso que fique claro:

– também Maria necessitava da redenção;

– ela não tinha poder de se autorredimir; não tinha, por ela mesma ou por seus pais, qualquer merecimento próprio;

– não foi privilegiada porque virtuosa; era e é virtuosa porque privilegiada por Deus em vista de sua missão singular;

– em Maria tudo é graça, e a fonte dessa graça é Deus;

– foi livre do pecado no início de sua existência; livre do pecado ao longo de toda a sua vida;

– a Igreja afirma que de maneira absoluta e permanente ela, ao longo de toda a sua vida, continuou livre de todo o pecado pessoal e até da própria inclinação ao pecado, e das feridas do pecado.

Quando se faz referência ao pecado original, convém lembrar a desordem que ele causou no ser humano e na natureza:

– inclinação à autoafirmação e à autossuficiência diante de Deus (o normal seria o relacionamento paterno-filial);

– homens e mulheres passam a não se reconhecer como criaturas de Deus e, por isso mesmo, esquecem sua origem e seu fim; rompem a Aliança; sofrem desequilíbrios (cf. Rm 7,15-23); não se entendem com seu semelhante, daí se multiplicarem manifestações de ódio e violência, de injustiças e guerras; homens e mulheres não compreendem a natureza e a destroem.

Em Maria, nada disso aconteceu. Nela, em vez de desordem e confusão, há a ordem. Ela não experimentou a concupiscência, isto é, a inclinação ao pecado, que nasce do pecado e conduz ao pecado. Maria é uma nova criatura. Isenta do pecado, tem melhores condições de ver a gravidade do pecado e as escravidões que gera em seu caminho.

A Imaculada e nós

Maria é totalmente de Deus: é um modelo a imitar. É fonte de santidade para a Igreja: também nós, à medida que crescemos na santidade, santificamos a Igreja. Sua missão a une a nós: precisamos de Cristo para a salvação; Maria é que nos deu Cristo, o Salvador. Em Maria e em nós atua a mesma graça: se Deus pôde realizar nela seu projeto, também poderá realizá-lo em nós, desde que colaboremos com sua graça, como ela o fez. Maria é a criatura humana em seu estado melhor.

O dogma da Maternidade Divina de Maria

O conteúdo do dogma

O Concílio de Éfeso (431) definiu explicitamente que Maria é "Mãe de Deus" (*Theotókos* – DS 113). Sua intenção era afirmar a unidade da pessoa de Cristo. Reconhecer Maria Mãe de Deus significa, de fato, professar que Cristo, filho de Maria segundo a geração humana, é Filho de Deus e Deus ele mesmo. "Deus", na expressão "Mãe de Deus", designa unicamente a pessoa do Filho. A expressão justifica-se pelo fato de que cada mulher é mãe não só do corpo, mas também, da pessoa de seu filho. *Theotókos*, teologicamente, não significa genitora da divindade, mas geradora do Verbo encarnado.

Esse foi o primeiro dogma proclamado oficialmente na Igreja. A Virgindade de Maria é encontrada em documentos oficiais antigos. Mas sua proclamação explícita – Virgem "antes, durante e depois do parto" –, é de 1555: Paulo IV. Além de mais antigo, o dogma da maternidade divina de Maria é fundamental: está na origem dos demais. Tudo o que Maria recebeu (graças, privilégios e títulos) tem sua origem nesse dogma.

A maternidade de Maria constitui seu título mais glorioso; essa maternidade não interessa somente a ela, mas a todo o povo de Deus. Deus quer ser homem, isto é, deseja autocomunicar-se a um diferente de si mesmo. Maria é o meio escolhido por Deus para a encarnação de seu Filho. Os caminhos de Deus e da humanidade cruzam-se nela. O que valoriza a participação de Maria é sua liberdade: livremente dá a Deus seu "sim". Não se pode aceitar um Deus encarnado sem aceitar Maria que lhe deu a carne humana.

O fundamento bíblico

Este dogma tem profundas e sólidas referências bíblicas. É com o título de **Mãe** que Maria é chamada, na maioria das vezes, no Novo Testamento: 25 vezes. Para os Evangelhos, Maria é, fundamentalmente, a Mãe de Jesus.

O texto de São Paulo aos Gálatas refere-se indiretamente a Maria (Gl 4,4): fala do Filho enviado pelo Pai na plenitude dos tempos; ele nasce de uma mulher. Jesus aparece aí como o Filho pré-existente. Paulo deixa claro: Jesus de Nazaré não é apenas um homem bom, a quem Deus ama, escolhe e envia; não é tão somente uma criatura privilegiada. Também não é alguém que começou a existir na encarnação. É Deus mesmo – existe, pois, desde toda a eternidade! Foi enviado pelo Pai, tomou a forma humana, dando-nos o poder de nos tornarmos filhos de Deus. Jesus é também o filho de Maria (cf. Mc 6,3; Mt 13,55; Jo 6,42). O Filho do Pai eterno e de Maria assume a fragilidade e a pobreza da condição humana.

O evangelista Mateus afirma a maternidade divina de Maria (cf. Mt 1,18-25): o anjo anuncia a José que aquele que vai nascer "salvará o seu povo de seus pecados" (Mt 1,21).

O evangelista Lucas descreve a maternidade divina de Maria por meio de significativos símbolos do Antigo Testamento: "O Espírito Santo descerá sobre ti, e a força do Altíssimo te envolverá com a sua sombra..." (Lc 1,35). No livro do Êxodo (40,34), lemos que uma nuvem acompanhava o povo e envolvia a tenda de reunião onde estava a Arca da Aliança e, nela, o documento da Aliança. Assim como o interior da tenda de reunião estava repleto da glória do Senhor, assim também a potência do Espírito Santo, que desce e cobre Maria, faz com que seu ventre esteja cheio da presença de um ser que será chamado santo – é o Filho de Deus.

O mesmo evangelista descreve a visita de Maria a Isabel (Lc 1,39-44.56). Em 2Sm 6,2-16, lemos que a Arca da Aliança é transportada e viaja de Baalã de Judá a Jerusalém, e é acolhida pelo povo com alegria, saudada com música e louvores e reconhecida como presença de bênção e venerada com santo temor. Maria, a nova Arca, viaja até a casa de Isabel, é saudada com alegria e aclamada como bendita. Por ocasião dessa visita, João Batista exulta no seio de sua mãe.

Os Concílios

Os Concílios Ecumênicos procuraram esclarecer alguns pontos controvertidos da doutrina da encarnação de Jesus Cristo, sua pessoa, sua natureza divina e humana.

O Concílio de Constantinopla I (381) declarou: "E se encarnou *do* Espírito Santo *e de* Maria Virgem". Não se trata de uma afirmação direta sobre a maternidade virginal de Maria, mas é ressaltada sua função materna na encarnação de Jesus. O Espírito Santo e Maria deram origem a Jesus.

O Concílio de Éfeso (431) declarou solenemente: Maria é a ***Theotókos***. O que se discutia era: qual a relação entre as duas naturezas de Cristo? Para Nestório, Bispo de Constantinopla, e seu grupo, em Cristo haveria duas naturezas e também duas pessoas: a divina e a humana. Deus não teria nascido verdadeiramente, mas se unido a um homem já existente. Maria teria gerado a pessoa humana de Cristo. Por isso, não se pode dizer que Maria seja a Mãe de Deus, mas a Mãe do homem-Cristo. Assim, não teria havido verdadeira encarnação, mas justaposição do humano com o divino. Essa tese de Nestório foi totalmente rejeitada pelo Concílio de Éfeso. Para Cirilo, Bispo de Alexandria –, sua posição foi aprovada no Concílio de Éfeso – o mesmo que foi gerado pelo Pai desde toda a eternidade é que nasceu de Maria como homem. Em Cristo há uma só pessoa, a divina, e duas naturezas, a divina e a humana. No momento da encarnação, Cristo Jesus passou a ser também homem. A maternidade é a chave de interpretação do mistério da encarnação: explica e torna possível a união das duas naturezas numa mesma pessoa.

O Concílio de Calcedônia (451) deu uma roupagem mais formal e jurídica, isto é, uma forma verbal ao que o Concílio de Éfeso proclamara: "O Filho que antes dos séculos é gerado pelo Pai segundo a divindade, do mesmo modo, nos últimos dias, por nós e por nossa salvação, é gerado por Maria virgem Mãe de Deus segundo a humanidade" (DS 301).

O Concílio Vaticano II (1962-1965) declarou que a maternidade de Maria é a chave explicativa do seu mistério e missão; é a base de toda a mariologia. Esse Concílio ressaltou o significado da maternidade de Maria para a salvação humana. Mais do que um privilégio pessoal, sua maternidade está a serviço da salvação do povo. É nesse sentido que Maria é figura da Igreja: está intimamente associada à sua vida e história.

As consequências do dogma

Reconhecer Maria como Mãe de Deus significa professar que Jesus, o carpinteiro de Nazaré, o crucificado, filho de Maria segundo a geração humana, é Filho de Deus e Deus mesmo. O termo "Deus", aqui, obviamente se aplica unicamente à pessoa do Filho, e não ao Pai nem ao Espírito Santo. A visão antropológica, que está na base disso, é a que já vimos: a mulher é a mãe não só do corpo, mas da pessoa toda inteira de seu filho. Não se pode separar, em Jesus, a humanidade da divindade. Em sua pessoa, é Deus mesmo que vive e age em carne humana. Assumindo nossa natureza, Deus nos mostrou a importância que tem nosso corpo dentro de seu plano e, também, a importância de toda e qualquer pessoa, e o esforço que devemos fazer para que todos vivam com dignidade.

Proclamar Maria Mãe de Deus significa, ainda, proclamar que, realmente, o Reino "já está no meio de nós" (Lc 17,21; Mt 4,17). Deus já está dentro de nossa história e é um dos nossos, tendo assumido tudo, menos o pecado. Maria é aquela que, em nosso nome, colaborou para que isso acontecesse.

Destaca-se, neste dogma, a grandeza do mistério da mulher: ela é fonte de vida. Maria realiza plenamente a missão de Eva. Tendo Jesus nos assumido como irmãos, Maria é também Mãe de todos os viventes. Sendo o rosto de Deus formado da carne de Maria, em cada mulher Deus deixa transparecer seu rosto.

A Sagrada Escritura mostra a maternidade divina de Maria como um dom, uma dignidade e um serviço. Maria serve na medida em que se coloca à disposição do plano de Deus. A Igreja, que tem Maria como seu modelo, é chamada a fazer o mesmo: ser aberta a esse plano.

O dogma da Virgindade Perpétua

O conteúdo do dogma

A afirmação da virgindade de Maria pertence à fé cristã. A Igreja designa tal virgindade como perpétua, ou, segundo a fórmula de Paulo IV (1555–1559), como *"virginitas ante partum, in partu e post partum"* (virgindade antes do parto, no parto e depois do parto). A esse propósito são necessários alguns esclarecimentos.

> – *Virgem antes do parto*: Desde os primeiros tempos da Igreja, a afirmação da concepção virginal de Jesus é encontrada em todas as sínteses de fé (credos, símbolos dos apóstolos – cf. DS 4-20). Vários Concílios Ecumênicos retomaram a afirmação : "... Se encarnou pelo Espírito Santo, no seio da Virgem Maria ..."; ou : "Foi concebido pelo poder do Espírito Santo; nasceu da Virgem Maria..." Essa fé se baseia particularmente no testemunho das escrituras: Mt 1,18-25 e Lc 1,16-38. Em outras palavras, afirma-se que Jesus nasceu não em função de relações matrimoniais normais, mas de uma concepção operada pelo Espírito Santo no seio da Virgem Maria.
>
> – *Virgem no parto*: Maria permaneceu virgem (física e moralmente) no parto: é um dado de fé, definido no Concílio Lateranense, de 649 (DS 256); não foi determinado em minúcias o sentido dessa afirmação; a Sagrada Escritura não testemunha formalmente a virgindade no parto.
>
> – *Virgindade depois do parto*: Pertence à fé cristã a afirmação da virgindade de Maria depois do parto de seu filho primogênito (Lc 1,7; Mt 1,25), isto é, Maria, depois do nascimento de Jesus, não teve outros filhos nem consumou seu matrimônio com José. Não é dito expressamente na Bíblia que ela não tenha tido outros filhos; contudo, mais de uma passagem nos Evangelhos leva a essa conclusão. Os chamados "irmãos de Jesus" (cf. Mc 3,31; Jo 2,12; At 1,14; 1Cor 9,5; Gl 1,19) são, na verdade, sobrinhos de Maria. A Igreja primitiva conservou essa denominação genérica ("irmãos") e a assumiu também em grego. Mas, segundo o grego bíblico da Septuaginta, a expressão "irmão" não precisa significar o irmão de sangue; pode designar também os primos (comparar: Mt 13,55 e Mc 6,3 com Jo 19,25 e Mc 15,40, por exemplo).

Para o homem e a mulher modernos não é fácil aceitar a virgindade perpétua de Maria, já que vivemos numa cultura que dá grande valor à "libertação" sexual e ao exercício da sexualidade, e não vê a virgindade como um valor. A virgindade de Maria passa a ser, então, um tema de delicada e difícil abordagem.

Estamos no campo do mistério, diante do qual é preciso ter respeito, veneração e reverência. Guiam-nos, aqui, o Evangelho, o testemunho da fé e a vida da Igreja. Os evangelistas Lucas e Mateus não fazem especulações sobre a virgindade de Maria. Tomam-na como um pressuposto, um fato aceito sem discussão (cf. Mt 1,18; Lc 1,35). O Espírito Santo não aparece como pai, mas como força geradora. Jesus surge da força criadora de Deus e da aceitação livre de Maria, e não de alguma atividade ligada a sexo.

O fundamento bíblico

Os textos do Novo Testamento que tratam diretamente da virgindade de Maria são escassos e controvertidos do ponto de vista exegético:

Gl 4,4: "nasceu de uma mulher". Não há referência explícita à virgindade, mas pode-se deduzir isso indiretamente;

Mc 6,3: refere-se a Jesus como "o filho de Maria". Segundo os costumes bíblicos, seria mais lógico mencionar o pai, e não a mãe, como o fazem Mt 13,55 e Lc 3,23;

Jo 1,13: "os quais não nasceram do sangue, nem da vontade da carne, nem da vontade do homem, mas sim de Deus";

Mt 1,18: antes de coabitar com José, "concebeu por virtude do Espírito Santo";

Lc 1,34-35: "Maria perguntou ao anjo: "Como se fará isso, pois não conheço homem?" Respondeu-lhe o anjo: "O Espírito Santo descerá sobre ti, e a força do Altíssimo te envolverá com a sua sombra. Por isso o ente santo que nascer de ti será chamado Filho de Deus".

Que afirmações podem ser feitas a partir do que dizem os Evangelhos sobre a virgindade de Maria? Eles não pretendem dar uma detalhada descrição para satisfazer nossa curiosidade sobre as particularidades genéticas e biológicas que cercaram a concepção e o nascimento de Jesus. Querem nos ensinar que o filho que nela foi gerado é de origem divina (cf. Mt 1,21-31; Lc 1,35.39-43; Jo 1,1.13). Afirmar a virgindade da mãe, origem humana do Filho de Deus, é afirmar, ao mesmo tempo, a origem divina desse filho. O Espírito Santo invade a história e faz brotar a vida onde seria impossível.

O caminho do dogma

O Concílio de Calcedônia (451) declarou que Jesus é "nascido de Maria Virgem".

O Concílio de Constantinopla II (553) declarou: "Encarnou-se da gloriosa *Theotókos* e sempre Virgem Maria" (DS 427).

O Concílio Lateranense (649):

"Se alguém não confessa segundo os santos padres que a santa e sempre virgem e imaculada Maria seja, no sentido próprio e segundo a verdade, Mãe de Deus, enquanto própria e verdadeiramente no final dos séculos concebeu do Espírito Santo sem sêmen e deu à luz sem corrupção, permanecendo mesmo depois do parto a sua indissolúvel virgindade, o próprio Deus Verbo nascido do Pai antes de todos os séculos, seja condenado" (DS 256). Uma Bula de Paulo IV (*Cum quorumdam hominum*, 07.08.1555) declarou que Maria foi virgem antes do parto, no parto e depois do parto (cf. DS 993).

As consequências do dogma

Crer na virgindade perpétua de Maria só tem sentido para aqueles que, primeiramente, acreditam na encarnação de Deus e na realidade humano--divina de Jesus.

Por que Deus, para o nascimento de seu Filho, escolheu o caminho da virgindade de Maria? As razões devem ser buscadas na cristologia. Jesus não é fruto do esforço humano, mas dom de Deus (cf. Jo 1,13). Deus toma a iniciativa e introduz o começo de uma nova humanidade, enfim libertada do pecado e da morte. A concepção virginal de Jesus manifesta essa verdade. Jesus não é o prolongamento natural da criação; é ruptura. Jesus vem do alto. Maria pertence à humanidade. Representa a história diante de Deus, embora preservada e isenta de toda mácula do pecado.

O conteúdo da virgindade após o parto não nasce de um menosprezo da vida matrimonial e sexual. Maria e José, embora continuando juntos, colocam-se totalmente a serviço do significado salvífico de Jesus e do cultivo do Espírito Santo, que mora nela. Ambos se encontram num mistério maior do que o mistério do encontro amoroso entre o homem e a mulher. Encontram--se em Jesus, nascido da força do Espírito Santo.

Pela virgindade, Maria mostra uma existência totalmente centrada no serviço do Messias, uma total disponibilidade ao desígnio de Deus. Maria vive isso não só no espírito, mas também no seu corpo. Por essa sua atitude, torna-se exemplo para multidões que, após ela, irão consagrar suas vidas, na virgindade, ao Senhor. Renunciarão ao matrimônio e à família, não porque os consideram negativos, mas porque querem viver totalmente para Deus e os irmãos. Maria é também modelo para aquela que deve ser a atitude básica de cada homem e de cada mulher diante de Deus: total disponibilidade e acolhida ao seu amor.

O dogma da Assunção de Maria

Apareceu em seguida um grande sinal no céu: uma mulher revestida de sol, a lua debaixo dos seus pés e na cabeça uma coroa de doze estrelas (Ap 12,1).

Essa passagem do livro do Apocalipse é proclamada na Missa da *Assunção de Nossa Senhora*. Segundo o ensinamento oficial da Igreja, a humilde jovem de Nazaré, escolhida e preparada, desde toda a eternidade, por Deus para ser mãe de seu Filho Jesus, foi elevada em corpo e alma à glória do céu. Se hoje está "vestida de sol", não se deve a um mérito seu ou ao resultado de seus esforços, mas, sim, à escolha feita por aquele que "nos abençoou com toda a bênção espiritual em Cristo, e nos escolheu nele antes da criação do mundo" (Ef 1,3).

Como foi o fim da vida de Maria?

Ignoramos como e quando se deu a morte de Maria, e mesmo se houve realmente morte. Os orientais preferem falar da *dormição* de Maria. Os Evangelhos, os Atos dos Apóstolos e as Epístolas não fazem referência a isso, já que procuram nos descrever os atos e as palavras de Jesus. E, mesmo quando falam dele, fixam-se no que é necessário para a compreensão de sua missão e mistério. Eles não entram em pormenores que poderiam interessar à nossa curiosidade, que não são essenciais à fé.

A fé nos ensina que Maria foi assunta ao céu em corpo e alma, isto é, foi glorificada de forma total e completa. Ela já é o que somos chamados a ser após a ressurreição da carne.

Como nasceu o ensinamento sobre sua Assunção?

O que nos ensina o dogma da Assunção não é uma novidade. Seu conteúdo esteve presente na vida e na fé do povo cristão já nos primeiros séculos. Começou a ser defendido de forma sistemática a partir do século IV. No século VI, já havia, em Jerusalém, a Festa da Dormição de Maria, celebrada a 15 de agosto. Pelo ano 600, essa festa era celebrada também em Constantinopla e, em fins do século VII, em Roma. A partir daí, quase todos os grandes teólogos ensinavam que Maria havia sido glorificada em corpo e alma para estar com Cristo glorioso. No século XV, essa doutrina era comum e quase unânime no povo cristão. Em 1870, durante o Concílio Vaticano I, um grupo de padres conciliares chegou a desejar a proclamação desse dogma. O assunto, contudo, não chegou a ser aprofundado, porque o Concílio terminou antes do tempo previsto.

Em 1946, Pio XII fez uma consulta aos bispos do mundo inteiro. Perguntou-lhes se eles próprios, seu clero e seu povo, acreditavam na Assunção de Maria. Mais: seria conveniente uma declaração nesse sentido, propondo a Assunção como verdade revelada? A resposta quase unânime às duas perguntas foi positiva. Então, no dia 1° de novembro de 1950, o dogma foi solenemente definido:

> *"Pelo que, depois de termos dirigido a Deus repetidas súplicas, e de termos invocado a luz do Espírito de verdade, para a glória de Deus onipotente que à Virgem Maria concedeu a sua especial benevolência, para honra do seu Filho, Rei imortal dos séculos e triunfador do pecado e da morte, para aumento da glória da sua augusta Mãe, e para gozo e júbilo de toda a Igreja, com a autoridade de Nosso Senhor Jesus Cristo, dos Bem-aventurados Apóstolos São Pedro e São Paulo e com a Nossa, pronunciamos, declaramos e definimos ser dogma divinamente revelado que: **a Imaculada Mãe de Deus, a sempre Virgem Maria, terminado o curso da vida terrestre, foi assunta em corpo e alma à glória celestial (...)"** (DS 3903).*

Na fórmula dogmática acima, estão presentes também os três dogmas anteriormente definidos: *Imaculada, Mãe de Deus e sempre Virgem Maria.* Não foi definido se Maria morreu ou não: o texto diz somente que foi assunta aos céus, em corpo e alma, sem entrar em detalhe de que como isso ocorreu. Cristo preservou imune da corrupção do sepulcro o corpo de sua mãe, de quem recebeu a vida, o alimento e o calor materno.

O dogma da Assunção de Maria não se fixa no final da vida terrena de Maria, mas em seu novo modo de existência. Hoje ela está, de corpo e alma, glorificada, junto de Deus. Isto é, depois de ter participado íntima e profundamente da obra da redenção, participa já agora da ressurreição da carne prometida aos justos.

O que nos diz a Bíblia sobre isso?

A Bíblia silencia sobre a Assunção de Maria. A Palavra de Deus, que poucos dados nos apresenta para uma biografia mariana, não entra em pormenores sobre o final de sua existência. Há, contudo, algumas passagens que, embora não sejam referências diretas, foram interpretadas pela grande Tradição da Igreja como referentes à sua glorificação:

– *Porei ódio entre ti e a mulher, entre a tua descendência e a dela. Esta te ferirá a cabeça e tu lhe ferirás o calcanhar* (Gn 3,15). O combate entre a serpente e a mulher não poderia ficar pela metade. Assim, a vida de Maria, toda voltada para Deus e para os outros, só poderia culminar na sua Assunção. Para o apóstolo Paulo, ser vitorioso significa vencer não só o pecado, mas também a morte (cf. 1Cor 15,54).

– Levantai-vos, Senhor, para vir ao vosso repouso, vós e a arca de vossa majestade (Sl 131(132),8). A arca era o lugar da presença divina e tornou-se imagem de Maria. A primeira arca levou as duas tábuas da Lei; era símbolo da presença de Deus e, enquanto presença de Deus, era incorruptível. Maria, onde repousou não um símbolo, mas o próprio Deus, foi glorificada sem conhecer a corrupção.

– *Ave, cheia de graça, o Senhor é contigo* (Lc 1,28). A Assunção é a expressão final dos favores divinos, dos quais Maria estava repleta.

– *Apocalipse 12*: sobre a mulher vestida de luz, as trevas não têm mais poder. Maria participa da glória do Filho, assim como participou de sua vida, perseguição e morte.

O que o dogma da Assunção ensina ao homem e à mulher de hoje?

A definição dogmática diz que Maria foi assunta ao céu. Sua Assunção mostra o valor do corpo humano, *templo do Espírito Santo*. Também ele é chamado à glorificação. Nosso corpo não nos é dado para ser instrumento do pecado, para a busca do prazer pelo prazer, mas para a glória de Deus.

O dogma da Assunção nos dá uma certeza: Maria já alcançou a realização final. Tornou-se, assim, um sinal para a Igreja que, olhando para ela, crê com renovada convicção no cumprimento das promessas de Deus. Também nós somos chamados a estar, um dia, com a Santíssima Trindade. Olhando para o que Deus já realizou em Maria, os cristãos animam-se a lutar contra o pecado e a construir um mundo justo e solidário, para participar, um dia, do Reino definitivo.

Uma mulher já participa da glória que está reservada à humanidade. Nasce, para nós, um desafio: lutar em favor das mulheres que, humilhadas, não têm podido deixar transparecer sua grande vocação. Em Maria, a dignidade da mulher é reconhecida pelo Criador. Quanto nosso mundo precisa caminhar e progredir para chegar a esse mesmo reconhecimento!

É preciso estar atentos a um risco: a verdade sobre a Assunção de Maria, sobre sua glorificação antecipada, pode fazer com que passemos a vê-la distante de nós, muito acima de nossa vida e de nossa realidade. Crer na Assunção é proclamar que aquela mulher que deu à luz num estábulo, entre animais, que teve seu coração traspassado, viveu no exílio etc., foi exaltada por Deus e, por isso mesmo, está muito mais próxima de nós. A Assunção mostra as preferências de Deus por aqueles que são pobres, pequenos e pouco considerados neste mundo.

Conclusão

A Assunção de Maria nos lembra do objetivo de nossa vida: estar, um dia, eternamente, com Deus. Uma irmã e mãe nossa – irmã na ordem da criação, mãe na ordem da graça –, já está com Deus. Renova-se em nosso coração a esperança de recebermos, também, idêntico prêmio.

DOGMAS	IMACULADA CONCEIÇÃO	ASSUNÇÃO
O conteúdo do dogma	Maria é Mãe de Deus, pois Jesus Cristo, seu filho, é filho de Deus e Deus ele mesmo. (Deus, nesta expressão, designa unicamente a pessoa do Filho). Naturalmente, Maria não é mãe da divindade de Jesus. Desde a Encarnação, contudo, não se pode separar nele a divindade da humanidade.	Maria é virgem antes do parto, no parto e depois do parto.
Fundamentação bíblica	Gl 4,4 Mc 6,3 Mt 1,18,25; 13,55 Jo 6,42 Lc 1,35.39-44.56	*Antes do parto*: Mc 1,18-25; Lc 1,16-38 (Jesus não nasceu de relações matrimoniais normais, mas de uma concepção operada pelo Espírito Santo no seio da Virgem Maria.) *no parto*: – *depois do parto*: –
Concílios	Éfeso (431): Maria é a "Theotókos", a Mãe de Deus.	*Calcedônia* (451): "Jesus é nascido da Virgem Maria"; – *Constantinopla II* (553): "encarnou-se da gloriosa 'Theotókos' e sempre Virgem Maria"; – *Lateranense* (649): "a santa e sempre virgem e imaculada Maria".
Por quem foi proclamado	Cons. de Éfeso	A expressão "Virgem antes do parto, no parto e depois do parto" é do Papa Paulo IV.
Quando foi proclamado	431	07.08.1555
O que o dogma nos ensina	Deus, na pessoa de Jesus, entrou em nossa história. Assumiu tudo o que é humano, menos o pecado. – Maria é a nova Eva. Em cada mulher, Deus deixa transparecer seu rosto. – Tendo Jesus nos assumido como irmãos, Maria é também mãe de todos os viventes.	– Toda a vida de Maria foi uma total disponibilidade aos desígnios de Deus; sua virgindade é resultado de sua consagração total ao Senhor. – Maria é exemplo para os que querem ser somente do Senhor.

DOGMAS	IMACULADA CONCEIÇÃO	ASSUNÇÃO
O conteúdo do dogma	A Bem-aventurada Virgem Maria, desde o primeiro instante de sua concepção, por um privilégio e uma graça única de Deus Onipotente, em vista dos méritos de Jesus Cristo, Salvador do gênero humano, foi preservada imune de toda mancha da culpa original.	A Imaculada Mãe de Deus, a sempre virgem Maria, ao final de sua vida terrena, foi elevada em corpo e alma à glória celeste.
Fundamentação bíblica	indiretamente: Gn 3,15 Lc 1,28 Lc 1,42	indiretamente: Gn 3,15 Rm 5,6 1Cor 15,21-26;54-57 Salmo 131 (132), 8 Lc 1,28 Ap 12
Concílios	–	–
Por quem foi proclamado	Pio IX (Bula *Ineffalilis Deus*)	Pio XII, Constituição Apostólica *Munificentissimus Deus.*
Quando foi proclamado	08.12.1854	01.11.1950
O que o dogma nos ensina	– Em Maria começa o processo de renovação e purificação de todo o povo. – Ela é toda de Deus, protótipo do que somos chamados a ser. – Maria e em nós age a mesma graça de Deus. Se nela Deus pôde realizar seu projeto, poderá realizá-lo em nós também.	– Maria é imagem e início da Igreja do futuro; – Uma mulher participa da Glória do Deus vivo; a dignidade da mulher é reconhecida pelo criador; – Nosso corpo, templo do Espírito Santo, é para a santidade, não para o pecado.

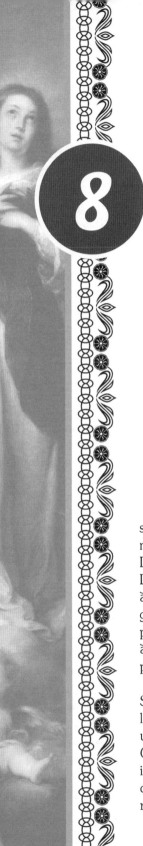

Maria e o Espírito Santo

"O Espírito Santo descerá sobre ti."
(Lc 1,35)

Encarnação e Redenção

A maior obra do Espírito Santo foi a encarnação do Filho de Deus. Para que ela acontecesse, foi necessária – necessária por vontade do Senhor! – a colaboração de uma criatura: Maria.

Jesus teve a plenitude do Espírito Santo desde que assumiu nossa natureza humana. Foi ungido por ele em momentos especiais: por ocasião do batismo, no Rio Jordão (cf. Lc 3,22); ao ir para o deserto, a fim de rezar e jejuar (cf. Lc 4,1); ao voltar do deserto para a Galileia, dando início à sua pregação (cf. Lc 4,14-15; 21); quando, cheio de alegria, deu graças ao Pai que reservara seus segredos aos pequeninos (cf. Lc 10,21); e, finalmente, ao ser exaltado à direita de Deus: tendo recebido do Pai o Espírito Santo prometido, derramou-o sobre nós (cf. At 2,33).

Se Jesus teve necessidade dessas unções do Espírito Santo, o que dizer daquela que a Santíssima Trindade escolheu para a mais nobre missão que poderia ser proposta a uma criatura?

O Espírito Santo, que aperfeiçoa a *fé* mediante os seus dons, inspirou e sustentou Maria em seu *sim* por ocasião da Anunciação. O anjo do Senhor lhe havia dito que seria necessário seu consentimento para que o Espírito Santo, cobrindo-

-a com sua sombra, gerasse nela o Filho de Deus (confrontar Lc 1,35 com Êx 40,35). Por ocasião da visita a Isabel, inspirada pelo Espírito Santo, Maria cantou as maravilhas do Senhor e interpretou a História da Salvação do ponto de vista de Deus. Na gruta em Belém, foi ele que a ajudou a crer que Jesus era o cumprimento das promessas feitas ao povo escolhido. Jesus crescia sob seu olhar, e o Espírito Santo a levava a guardar em seu coração o que não entendia. Somente assim, interiorizando tudo, podia penetrar sempre mais nos mistérios de Deus (cf. Lc 2,19.49-51).

Junto à cruz, segundo o testemunho do apóstolo e evangelista São João, Maria estava *de pé* (cf. Jo 19,25). Quem lhe dava condições de estar ali, participando com seu silêncio e amor do momento máximo da redenção? "O Espírito Santo descerá sobre ti, e o poder do Altíssimo te envolverá com a sua sombra" (Lc 1,35), dissera-lhe o anjo Gabriel, na Anunciação. Somente quando o Espírito Santo envolve uma pessoa com sua força é que ela tem condições de – mesmo nos momentos mais difíceis – permanecer *de pé*, numa oferta renovada de si mesma.

Pentecostes

A Igreja estava recolhida no cenáculo de Jerusalém. Obedecia a Jesus: "Eu vos mandarei o Prometido de meu Pai; entretanto, permanecei na cidade, até que sejais revestidos da força do alto" (Lc 24,49). Os apóstolos e discípulos perseveravam na oração. Lucas, autor dos Atos dos Apóstolos, ressalta: perseveravam "com... Maria, mãe de Jesus" (At 1,14). Quem, como ela, podia dizer aos apóstolos do que é capaz o Espírito Santo quando encontra um coração aberto à sua ação? A Anunciação foi para ela uma antecipação de Pentecostes. Se, durante a permanência no Cenáculo, algum apóstolo lhe perguntasse: "Por que justamente a senhora foi escolhida por Deus? Por que o Senhor a quis como mãe de seu Filho, nosso Salvador?", certamente a ouviria repetir: "Ele viu a pequenez de sua serva" (Lc 1,48). Dias depois, cheios do Espírito Santo, eles compreenderiam que jamais uma criatura tivera ou teria, como Maria, um tal envolvimento com o Espírito Santo. Ninguém, como ela, foi tão disponível à sua ação.

Jesus garante-nos que o Pai dará o Espírito Santo aos que lho pedirem (cf. Lc 11,13). Em vista disso, a Igreja permanece no Cenáculo – isto é, "persevera *na oração*, como os Apóstolos, juntamente *com Maria*, Mãe de Cristo, e com aqueles que, em Jerusalém, constituíam o primeiro núcleo da comunidade cristã e aguardavam, orando, a vinda do Espírito Santo" (cf. DetV 66). Com sua presença, Maria testemunha à Igreja que a obra mais importante do Espírito Santo é fazer com que Cristo seja tudo em todos (Cl 3,11), a fim de que cada homem ou mulher possa dizer: "Vivo, mas não sou mais eu, é Cristo que vive em mim" (Gl 2,20). Maria sabe dessas coisas como ninguém. E sabe por experiência própria. Por isso mesmo é que seu *Magnificat* jamais cessa.

O Espírito Santo e Maria, segundo a Bíblia

- Mt 1,18: "... aconteceu que ela concebeu por virtude do Espírito Santo";
- Mt 1,20: "... o que nela foi concebido vem do Espírito Santo";
- Lc 1,35: "... o Espírito Santo descerá sobre ti";
- At 2,1 e At 1,14: "Chegando o dia de Pentecostes, estavam todos reunidos no mesmo lugar", "com... Maria, Mãe de Jesus".

A partir desses textos percebemos a relação estreita entre Maria e o Espírito Santo, particularmente na encarnação (nascimento de Jesus) e em Pentecostes (nascimento da Igreja). Nos dois momentos Maria teve um papel de destaque: o Espírito Santo e ela estão na origem da geração humana de Jesus e na geração espiritual dos cristãos.

Maria, plasmada pelo Espírito Santo

Paulo VI: "Compete-nos exortar a todos, principalmente aos pastores e teólogos, a procurarem aprofundar a reflexão sobre a obra do Espírito Santo na História da Salvação e a envidarem esforços no sentido de os textos de piedade cristã darem o devido relevo à sua ação vivificante. Desse aprofundamento emergirá, em particular, a misteriosa relação entre o Espírito de Deus e a Virgem de Nazaré, e a ação de ambos sobre a Igreja: e dos dados da fé meditados mais profundamente derivar-se-á uma piedade vivida de maneira mais intensa" (MC 27).

Concílio Vaticano II: "Não admira que nos Santos Padres prevalecesse o costume de chamar a Mãe de Deus toda santa, imune de toda mancha de pecado, como que plasmada pelo Espírito Santo e formada nova criatura" (LG 56).

Um pedido

"Eu te peço, eu te peço, Virgem santa:
dá-me aquele Espírito,
que te fez gerar Jesus.
Que eu receba Jesus.
Que minha alma receba Jesus
por meio daquele Espírito
que fez com que tua carne
o concebesse. (...)
Que eu ame Jesus
naquele mesmo Espírito
no qual tu o adoras como Senhor
e o contemplas como Filho."

(Ildefonso de Toledo (607-667),
A virgindade perpétua de Maria, c. 12, PL 96, col. 106.)

Maria gera a humanidade

"Dando à luz Jesus, Maria gerou, num certo sentido, a humanidade toda. De fato, Cristo, desde o primeiro momento de sua existência terrena, "recapitula" em si toda a humanidade e, de modo particular, todos os batizados, os quais são concebidos com ele, nascem com ele, vivem, morrem e ressuscitam com ele e nele, porque Cristo "reassume" em si todos os homens que foram, que são e que serão. Quando a Virgem Santa concebe e dá à luz Jesus Cristo por virtude do Espírito, com ele e nele concebe e gera também todos aqueles que virão, pois Cristo desde o primeiro momento é destinado a ser "a cabeça do corpo, da Igreja" (Cl 1,18), finalidade essa que será conseguida plenamente após a ressurreição e pentecostes."

(in: *"Senhor, a terra está repleta do teu Espírito"*,
Comissão Teológico-Histórica do Grande Jubileu do Ano 2000,
Paulinas, São Paulo, 1997, p. 83.)

O rosto de Maria

*Um reflexo
da beleza divina.*

Como era o rosto de Maria? Não temos nenhum dado a esse respeito. Por sinal, nem de Jesus Cristo os Evangelhos apresentam os traços fisionômicos. Hoje, o povo de Deus olha para Maria e, sentindo-a próxima de si, nela encontra seu próprio rosto.

É muito antigo o costume de representar a Virgem Santíssima em quadros, esculturas e ícones. Daremos destaque a esses últimos, pela importância que tiveram ao longo dos séculos e pela "descoberta" que o Ocidente está fazendo de sua beleza.

O ícone – imagem do Invisível

Ícone é uma palavra de origem grega ("eikón"), que significa: *imagem*. Hoje essa palavra é reservada a uma pintura sagrada, feita em madeira, segundo técnicas e tradições seculares. A pátria do ícone é o Oriente bizantino, que nos legou obras de admirável valor espiritual.

O ícone tem como fundamento a encarnação: encarnando-se, o Filho de Deus tornou-se visível. O ícone procura representar esse Deus divino e humano. Os ícones não têm uma função didática, do tipo das pinturas ocidentais de muitas igrejas ou dos vitrais das catedrais que, na Idade Média, eram como que o catecismo dos analfabetos e dos pobres. Também não são o resultado de um sentimento do artista, mas fruto de uma tradição: o iconógrafo segue modelos tradicionais, antes de iniciar seu trabalho, medita, jejua e reza longamente. Uma vez abençoado, o ícone é um sacramental, isto é, um sinal da graça, um auxílio para a vida espiritual do cristão. Assim como Jesus Cristo é a imagem ("eikón") de Deus invisível (cf. Cl 1,15), o ícone é a imagem de Jesus Cristo, da Mãe de Deus, dos anjos ou de santos, tornando-os misteriosamente presentes. Obviamente, essa presença não está no pedaço de madeira ou nas cores. O ícone pretende levar aquele que o contempla à oração. Um ícone não é, pois, para ser explicado, mas para ser meditado, contemplado.

Embora o ícone tenha se originado no Oriente, é tanto oriental como ocidental, seja em sua técnica e forma como, principalmente, em seu conteúdo. Por sinal, o Ocidente tem uma rica tradição iconográfica, dos séculos anteriores ao Renascimento – tradição pouco conhecida. No Oriente, conservou-se sempre o costume de se pintar ícones. A partir do cisma de 1054, quando um grande grupo de católicos do Oriente não mais aceitou o Papa e passou a formar a Igreja Ortodoxa, e especialmente depois do saque de Constantinopla (1204), os caminhos do Oriente e do Ocidente se separaram. O Ocidente "humanizou" a imagem divina, dando destaque, nas artes, ao emocional ou mesmo, nos séculos XVIII e XIX, ao sentimental.

Os ícones: inspiração do Espírito Santo

Na Igreja que está no Oriente, os iconógrafos ocupam um lugar especial. Para os orientais, também a arte é caminho de salvação. Segundo eles, os ícones entraram na Igreja por inspiração do Espírito Santo. Não se pode pensar na Igreja Oriental sem os ícones. Eles recobrem os altares e a parede divisória entre o santuário e a nave; estão presentes na sacristia e nos tesouros das igrejas, de onde são tirados seja para procissões, seja para serem expostos à veneração dos fiéis. Diante deles são acesas velas e feitas orações; eles são incensados e beijados. Das igrejas, os ícones passaram também para as casas: cada família tem seu pequeno altar com ícones e, diante deles, são acesas lâmpadas votivas. Ao se entrar numa casa, antes mesmo de saudar seu dono, o visitante inclina-se ou faz um sinal de veneração ao ícone. Diante dele a família encontra-se para as orações da manhã e da tarde.

Normalmente não se conhece o nome do iconógrafo, mesmo porque um ícone expressa não o sentimento de uma pessoa, mas uma tradição religiosa. O iconógrafo pinta, geralmente em madeira, o que é fruto da vida espiritual da comunidade. Um ícone expressa, de maneira visível, uma teologia, um dogma, um ensinamento de fé.

Não se deve procurar num ícone a beleza humana: o ícone torna presente o mundo invisível. Para S. João Damasceno († 749), ele é um canal da graça com força santificadora. Nos ícones marianos, "a Virgem Maria resplandece como reflexo da beleza divina, morada da eterna Sabedoria, figura da orante, protótipo da contemplação e imagem da glória: tenta-se representar aquela que, desde o início da sua vida terrena, possuindo a ciência espiritual inacessível aos raciocínios humanos, com a fé alcançou o conhecimento mais sublime" (RMa 33).

Os ícones na história

Há os que afirmam que o evangelista São Lucas foi um iconógrafo. Essa sua fama deve-se, na verdade, às descrições que fez de Jesus e de Maria em seu Evangelho: são tão vivas que inspiraram muitos iconógrafos e pintores.

Normalmente, reconhecem-se três épocas principais dos ícones:

– *o século VI*, especialmente em Constantinopla[1]: os ícones destacavam-se pela grandiosidade e pelo sublime;

– *os séculos X e XII*, durante os quais as representações eram mais adaptadas às realidades humanas;

– *a partir do século XIV* temos a idade de ouro dos ícones, em particular dos ícones russos.

Chama-se *iconoclasta* o partidário da luta contra as imagens sagradas – especialmente os ícones –, desencadeada no século VIII (726) e que durou até o século IX. O Concílio de Niceia II (787 – 7° Ecumênico) e o de Constantinopla IV (869-870 – 8° Ecumênico) defenderam o uso de imagens.

Os ícones marianos

Como Maria Santíssima é apresentada nos ícones?

• **A Odigítria** (*a condutora*): Maria é representada de forma frontal, segurando Jesus no colo; com a outra mão, aponta-o para quem olha o quadro, como que dizendo: "Ele é o caminho". Esses ícones, que são os mais antigos, acentuam a divindade de Cristo.

• **A Eleúsa** (*terna, misericordiosa*): a Virgem está com o Menino. Ele está encostado afetuosamente na mãe, juntando face com face, passando o braço em volta do pescoço dela ou acariciando seu rosto. Acentua o afeto que une mãe e Filho e exalta a humanidade de Cristo. Essa iconografia surgiu no século XIII ou um pouco antes. Coincide com um século de profundas dores no Oriente, por vários motivos: saque de Constantinopla, queima de igrejas, devastação de mosteiros, pestes negras etc. São também dessa época os ícones da descida da cruz, nos quais o corpo de Cristo é acolhido por Maria, abraçando-o em sua dor. É o Filho que consola a Mãe aflita. É o Esposo que socorre a Igreja, sua Esposa. Ele não é o Menino: é o Senhor da História.

---

[1] Constantinopla foi o nome dado, por Constantino (280-337), à antiga Bizâncio, colônia grega fundada na entrada do Estreito de Bósforo, na metade do século VII a.C. Ali Constantino instalou a capital do Império Romano no Oriente – Império Bizantino. Constantinopla passou a ser conhecida como segunda Roma. Em 1453, a cidade caiu sob o domínio dos turcos (muçulmanos). Hoje se chama Istambul.

• **A Orante**: Maria em atitude de oração. Também esses ícones estão entre os mais antigos.

• **A Galaktotrofusa** (*lactante, nutriz*): representa Maria com o menino ao seio, destacando sua função materna ("Felizes as entranhas que te trouxeram e os seios que te amamentaram" – Lc 11,27).

• **Outros**: Maria nos ícones das solenidades de Cristo, em Festas Marianas, em representações de episódios do Novo Testamento etc.

OS CATÓLICOS E AS IMAGENS

O Concílio de Niceia (787), apoiando-se no ensino dos Santos Padres e na tradição universal da Igreja, definiu que "se pode propor à veneração dos fiéis, conjuntamente com a Cruz, as imagens da Mãe de Deus, dos Anjos e dos Santos, tanto nas igrejas como nas casas ao longo dos caminhos. Este costume foi conservado em todo o Oriente e também no Ocidente: as imagens da Virgem Maria têm um lugar de honra nas igrejas e nas casas".

(João Paulo II, RMa 33.)

As imagens não são adoradas, mas veneradas. Por isso, no uso que delas fazem os católicos não lhes pode ser aplicado o texto de Êxodo 20,3-5: *Não terás outros deuses diante de mim. Não farás para ti ídolos ou coisa alguma que tenha a forma de algo que se encontre no alto do céu, embaixo na terra ou nas águas debaixo da terra. Não te prosternarás diante desses deuses e não os servirás, porque eu sou o Senhor, teu Deus, um Deus ciumento.* A ordem de Deus é clara: "Não terás outros **deuses** diante de mim".

Tanto no Êxodo como no Deuteronômio, a proibição de imagens refere-se às dos deuses estrangeiros, de outros deuses, e não de qualquer espécie de desenho, pintura ou escultura. Trata-se de ídolos e de figuras de deuses falsos, que tomavam formas de pessoas, animais, astros etc. Tanto é assim que o próprio Deus mandou Moisés fazer uma serpente de bronze quando o povo hebreu começou a murmurar e a reclamar, e passou a ser mordido por serpentes venenosas: *E o Senhor lhe disse: Manda fazer uma serpente abrasadora e fixa-a numa haste: todo aquele que for mordido e olhar para ela terá sua vida salva* (Nm 21,8). A serpente, no caso, não era figura de um deus, e não era para ser adorada, mas olhada.

Mais: Deus determinou a Moisés que fizesse dois querubins de ouro para a Arca da Aliança. E até especificou como queria essas imagens feitas por mãos humanas: *Farás igualmente dois querubins de ouro para serem soldados nas duas extremidades do propiciatório... (Êx 25,18ss.).*

Também Salomão, quando construiu o Templo, mandou fazer querubins e outras figuras, entre as quais leões e touros (cf. 1 Rs 7,29). Nem por isso o Templo foi do desagrado de Deus.

Com proibições como a que encontramos em Êx 20,3-5, Deus procurava proteger o pequeno povo de Israel do perigo da idolatria, pois estava cercado de muitos povos idólatras e ele próprio era propenso à idolatria – basta lembrar o bezerro de ouro que construíram (cf. Êx 32).

Em síntese: uma coisa é uma imagem, outra é um ídolo. O mesmo Deus que proibiu fazer imagens (de ídolos), mandou fazer imagens (não de ídolos), como a serpente de bronze e os querubins.

As imagens do culto católico não são de ídolos; não são feitas para serem adoradas. São veneradas com carinho, pois recordam pessoas que viveram para Deus; relembram seus feitos e ensinamentos, suas palavras e orientações. São como a fotografia de uma pessoa querida, que serve para recordá-la – apenas para recordá-la.

UM ESTÍMULO PARA A ORAÇÃO

"A beleza e a cor das imagens estimulam minha oração. É uma festa para os meus olhos, tanto quanto o espetáculo do campo estimula meu coração a dar glória a Deus."

(S. João Damasceno, Imag. 1.27.)

O ÍCONE DE VLADIMIR

Segundo antiga tradição, o ícone da Mãe de Deus, de Vladimir (110x70cm), foi levado de Constantinopla para Vyshgorod, perto de Kiev, capital da antiga Rússia, no ano de 1136. Havia sido pintado por um artista grego, poucos anos antes. Em 1155, foi transferido para a cidade de Vladimir, donde o seu nome. Célebre por suas intervenções miraculosas, escapou de muitos incêndios e roubos. Em 1395, foi transferido para Moscou. Passou, então, a estar presente em todos os acontecimentos importantes do país, como o verdadeiro tesouro sacro da nação. É, sem dúvida alguma, a pintura mariana mais bela e mais cara aos russos.

Esse ícone é um dos pontos mais altos da arte iconográfica por sua sublime perfeição e por uma grande pureza de estilo. Os rostos, marcados pela majestade celeste, são, ao mesmo tempo, profundamente humanos. É um ícone que apresenta a comunhão do divino (a Criança – o Verbo) com o humano (a Mãe); o amor recíproco de Deus pelo homem e, em resposta, toda a paixão do homem por seu Deus.

Maria mantém com a mão esquerda o Menino abraçado, que, por sua vez, fixa sobre ela os seus olhos redondos. Mantendo fechados os delicados lábios de sua boca pequenina, Maria olha retamente para frente, para o infinito e, ao mesmo tempo, olha com grande misericórdia para nosso sofrimento, companheiro inseparável de nossa vida. Sua mão mostra a resposta amorosa de Deus: seu Verbo eterno feito criança, que salvará a humanidade, porque é o Amor. No fundo do ícone vemos um altar, dominado por uma cruz e alguns instrumentos da paixão: a lança e a vara com a esponja.

O ícone de Vladimir "acompanhou a peregrinação de fé dos povos da antiga "Rus".

(São João Paulo II, RMa 33.)

Nossa Senhora do Perpétuo Socorro

História do ícone

Havia na Ilha de Creta, na Grécia, uma pintura bizantina sobre madeira dourada (um ícone) da Virgem Maria, muito venerado pela população, devido aos grandes milagres que operava. Quem o pintou e quando, não o sabemos. O certo é que foi transportado para Roma e entronizado solenemente na capela de São Mateus, no ano de 1499. Ali permaneceu, recebendo as homenagens dos fiéis durante três séculos. Em 1798, a guerra destruiu o templo, sendo, porém, salvo o quadro, graças aos religiosos agostinianos, que o levaram para a igreja de Santa Maria, do outro lado da cidade de Roma. Com o passar do tempo, os religiosos se dispersaram, e o quadro caiu no esquecimento.

Em meados do século XIX, o Papa Pio IX chamou os padres redentoristas a Roma, tendo estes se estabelecido no antigo convento dos agostinianos, no local onde existira a igreja de São Mateus. Foi então que um dos religiosos encontrou documentos relativos a um ícone da Virgem Maria, famoso pelos seus milagres. Após muita procura, foi achado.

Finalmente, em 1866 o quadro foi conduzido solenemente ao seu santuário, no Monte Esquilino, por ordem do Santo Padre, que recomendou aos redentoristas: "Fazei com que todo o mundo conheça o Perpétuo Socorro".

No Brasil, essa invocação a Maria chegou no final do século XIX, (1893), com os padres da Congregação do Santíssimo Redentor (Redentoristas).

Sentido do ícone

A Virgem Maria está vestida com uma túnica de cor púrpura (sinal da divindade, da qual ela excepcionalmente está próxima) e um manto azul escuro (indicação da sua humanidade), que lhe cobre a cabeça. O Menino Jesus (embora criança, tem uma expressão de maturidade que convém a um Deus eterno; está vestido como os nobres e filósofos da antiguidade), sentado em seu braço esquerdo, olha apreensivo para os instrumentos de sua paixão, que lhe são apresentados pelos arcanjos Miguel e Gabriel. Suas mãozinhas apertam a mão de Maria, como que para lhe pedir proteção, e, com o movimento de horror, a sandália do pé esquerdo se desamarra. Maria abriga-o com ternura, e Jesus sente-se seguro nos braços de sua mãe. Ao alto, dos dois lados, são visíveis as habituais escritas abreviadas, em letras gregas, para indicar a "Mãe de Deus", e "Jesus Cristo", aquele que é. As três estrelas sobre a cabeça e os ombros de Maria indicam sua virgindade antes do parto, durante o parto e depois do parto.

Esse belo ícone de Maria recorda-nos a centralidade salvífica da paixão de Cristo e também a bondade da Mãe de Deus e nossa, sempre pronta a nos socorrer.

ORAÇÃO A NOSSA SENHORA DO PERPÉTUO SOCORRO

Ó Maria, Mãe de Deus e nossa Mãe, que vos apresentais ao mundo com o título acolhedor de Perpétuo Socorro! Estamos aqui para vos venerar como Mãe do Redentor e dos redimidos; e para, com a vossa ajuda, louvar as maravilhas que em vós fez o Senhor e acolher sua mensagem de salvação para todos e cada um de nós.

Conheceis nossa vida e nossa história pessoal: o muito que em nós há de belo, de sonhos lindos, de fidelidade, de doação e de sacrifício; e também as sombras de nossos pecados, de nossas traições e fracassos, de nossa pobreza e debilidade. Aqui estamos, ó Mãe do Perpétuo Socorro, tais como somos, na certeza de que é assim que nos amais e acolheis, esperando que sejamos melhores.

Ajudai-nos a saber olhar para vós. Mais: ajudai-nos a saber olhar, como vós olhastes, para Deus, para as coisas, os acontecimentos, a vida e as pessoas. Aqui estamos, Mãe do Redentor e dos redimidos, Perpétuo Socorro da humanidade. Ajudai-nos e socorrei-nos em nosso caminhar em direção a Deus para que, como vós, estejamos atentos a seus apelos e a seus desígnios salvadores; e, como vós, tenhamos a coragem de cumpri-los e de testemunhá-los no mundo.

Mãe do Perpétuo Socorro, ajudai-nos ao longo de nossa vida e, particularmente,... (aqui cada um acrescenta sua intenção particular). Amém.

10 A presença de Maria na liturgia

O objetivo final de nosso louvor não é Maria, mas Aquele que nela fez maravilhas.

Características da devoção mariana

A palavra *liturgia* significava originalmente uma obra pública, um serviço da parte do povo ou em seu favor. A liturgia é entendida hoje como a celebração do culto divino, a participação na oração de Cristo, dirigida ao Pai no Espírito Santo. A liturgia é obra de Cristo – ele está no centro de toda ação litúrgica – mas é também uma ação de sua Igreja. Na liturgia, toda oração cristã encontra a sua fonte e o seu termo (cf. CIC 1069-1073).

Maria está presente na liturgia porque ocupa um lugar especial na História da Salvação. O Papa Paulo VI apontou as características da verdadeira devoção a Maria (cf. MC 24-28):

• *trinitária*: o culto mariano é parte intrínseca do culto cristão e esse é, "por sua natureza, culto ao Pai, ao Filho e ao Espírito Santo, ou, conforme se expressa a Liturgia, ao Pai, por Cristo, no Espírito Santo" (MC 25). O objetivo final de nosso louvor não é Maria, mas aquele que nela fez maravilhas (cf. *Magnificat*);

• *cristológica*: tudo, na obra da salvação, é em função de Cristo, também sua mãe. À medida que a devoção mariana for, realmente, uma expressão do culto a Jesus Cristo, mais ele será conhecido, amado e glorificado (cf. LG 66);

• *pneumatológica*: mostrar a importância da obra do Espírito Santo em Maria dará como resultado a descoberta de imensas riquezas escondidas na Tradição cristã: sua ação, por exemplo, na encarnação, na visita de Maria a Isabel, na expansão da Igreja etc.;

• *eclesial*: depois de Cristo, Maria é aquela que, na Igreja, ocupa o lugar mais importante e mais próximo de nós. "A ação da Igreja no mundo é como que um prolongamento da solicitude de Maria" (MC 28).

Orientações ao culto mariano

À luz das características acima, a Exortação Apostólica *Marialis Cultus* dá orientações ao culto mariano:

• *orientação bíblica*: a Bíblia, livro fundamental de oração, ao apresentar de modo admirável o plano de Deus relativo à salvação dos homens, introduz-nos no mistério do Salvador e contém ainda, desde o Gênesis até o Apocalipse, referências sobre sua Mãe e cooperadora (cf. MC, 30). Na liturgia, não basta apenas usar textos, símbolos ou imagens da Sagrada Escritura: é necessário também que as orações, os cantos e os textos sejam nela inspirados. Mais: o culto mariano deve estar "permeado pelos grandes temas da mensagem cristã" (id.). Os frutos serão evidentes: ao rezar a Maria, os fiéis irão sentir-se iluminados pela luz da Palavra divina "e levados a agir segundo os ditames da Sapiência Encarnada" (ib.);

• *orientação litúrgica*: as devoções marianas devem estar em harmonia com a liturgia, "norma de ouro para a piedade cristã" (MC 23), nela se inspirar e para ela conduzir o povo cristão (cf. SC 13);

• *orientação ecumênica*: é preciso evitar aquilo que possa criar mal-entendidos com os irmãos separados (cf. LG 67) ou os "exageros que possam induzir em erro os outros irmãos cristãos, acerca da verdadeira doutrina da Igreja Católica" (MC 32);

• *orientação antropológica*: cresce na sociedade o reconhecimento dos direitos da mulher. É preciso superar, pois, uma imagem de Maria, exemplo apenas de vida escondida, humilde e pobre. Mais do que se prender a aspectos de sua vida, é necessário ver o grande impulso que a orientou: fazer a vontade de Deus. Ela pode ser tomada como modelo naquilo que homens e mulheres de nosso tempo mais valorizam – por exemplo: na Anunciação, respondeu ativa e corajosamente à encarnação do Filho de Deus e, corajosamente, escolheu o estado virginal; no *Magnificat*, teve a coragem de proclamar a preferência de Deus pelos pequenos e oprimidos; no Calvário, foi a mulher forte etc. É importante, também, evitar exageros, que prejudicariam a verdade sobre Maria e deixar claro que "a finalidade última do culto à bem-aventurada Virgem Maria é glorificar a Deus e levar os cristãos a aplicarem-se numa vida absolutamente conforme à sua vontade" (MC 39).

O calendário litúrgico

Um olhar para o calendário litúrgico pode fazer nascer a pergunta: se a liturgia é uma obra de Cristo, como entender as solenidades, festas e memórias de Maria?

No centro da liturgia está Jesus Cristo. Durante sua vida, por um misterioso plano do Pai, Maria esteve unida à obra salvífica de seu Filho; caminhou sempre próxima de seus passos. É compreensível, pois, que também hoje participe da celebração da salvação que Cristo nos trouxe. Mais: a Igreja admira e exalta Maria como o mais excelente fruto da Redenção "e a contempla com alegria como uma puríssima imagem daquilo que ela mesma anseia e espera ser" (SC 103).

A Igreja não celebra Maria isoladamente, como que querendo exaltá-la por si mesma: celebra-a por causa de sua ligação com Cristo. Essa orientação cristocêntrica aparece claramente, por exemplo, na solenidade da Anunciação – o nome oficial é: *Anunciação do Senhor* – e na festa de 2 de fevereiro, quando se apresentou e apresentou seu Filho no Templo: festa da *Apresentação do Senhor*.

Podemos dizer: Maria nos ajuda a celebrar melhor a salvação que Cristo nos dá e nos ensina a valorizar mais a comunidade a que pertencemos – comunidade que a honra como a mais perfeita cristã.

SOLENIDADES DE NOSSA SENHORA

"As solenidades são constituídas pelos dias mais importantes, cuja celebração começa no dia precedente, com as "Primeiras Vésperas."

(Missal Romano – Normas Universais sobre o Ano Litúrgico e o Calendário, 11.)

• Santa Mãe de Deus (1º de janeiro).
• Anunciação do Senhor (25 de março).
• Assunção de Nossa Senhora (15 de agosto – no Brasil, excepcionalmente, essa solenidade é celebrada no próprio dia 15, se cair num domingo, ou no primeiro domingo após esse dia).
• Imaculada Conceição de Nossa Senhora (8 de dezembro).

FESTAS MARIANAS

"As festas se celebram nos limites do dia natural; por isso não têm Primeiras Vésperas..." (id., 12).

- Apresentação do Senhor (2 de fevereiro).
- Visitação de Nossa Senhora (31 de maio).
- Natividade de Nossa Senhora (8 de setembro).

MEMÓRIAS DE MARIA SANTÍSSIMA

"As memórias são obrigatórias ou facultativas: sua celebração, porém, se harmoniza com a celebração do dia de semana ocorrente..." (ib., 14).

- Nossa Senhora de Lourdes (11 de fevereiro).
- Imaculado Coração de Maria (sábado depois da solenidade do Sagrado Coração de Jesus).
- Nossa Senhora do Carmo (16 de julho).
- Dedicação da Basílica de Santa Maria Maior (5 de agosto).
- Nossa Senhora, Rainha (22 de agosto).
- Nossa Senhora das Dores (15 de setembro).
- Nossa Senhora do Rosário (7 de outubro).
- Apresentação de Nossa Senhora (21 de novembro).
- Santa Maria no sábado (possibilidade de memória).

NATUREZA DO CULTO MARIANO

O culto da Bem-aventurada Virgem, "tal como sempre existiu na Igreja, embora seja inteiramente singular, difere essencialmente do culto de adoração que se presta ao Verbo encarnado e igualmente ao Pai e ao Espírito Santo, e o favorece poderosamente" (LG, 66). Com essas palavras, a Constituição *Lumen Gentium,* do Concílio Vaticano II (1962-1965), reafirma as características do culto mariano. A veneração dos fiéis para com Maria, embora superior ao culto dirigido aos outros santos, é, entretanto, inferior ao culto de adoração reservado a Deus, do qual difere essencialmente.

Com o termo "adoração" é indicada a forma de culto que o homem presta a Deus, reconhecendo-o Criador e Senhor do universo. Iluminado pela revelação divina, o cristão adora o Pai "em espírito e verdade" (Jo 4,23). Com o Pai, adora Cristo, Verbo encarnado, exclamando com o apóstolo Tomé: "Meu Senhor e meu Deus!" (Jo 20,28). No mesmo ato de adoração inclui, por fim, o Espírito Santo, que "com o Pai e o Filho é adorado e glorificado" (DS 150), como recorda o Símbolo Niceno-Constantinopolitano.

Os fiéis, quando invocam Maria como "Mãe de Deus" e contemplam nela a mais alta dignidade conferida a uma criatura, não lhe atribuem, porém, um culto igual ao das pessoas divinas. Há uma distância infinita entre o culto mariano e o que é dirigido à Trindade e ao Verbo encarnado. Daí resulta que a mesma linguagem com a qual a comunidade cristã se dirige à Virgem, embora por vezes evocando os termos do culto a Deus, assume significado e valor inteiramente diversos. Assim, o amor que os fiéis nutrem por Maria difere daquele que se deve a Deus: enquanto o Senhor deve ser amado sobre todas as coisas, com todo o coração, com toda a alma e com toda a mente (cf. Mt 22,37), o sentimento que une os cristãos à Virgem repropõe no plano espiritual o afeto dos filhos para com a mãe.

Entre o culto mariano e o prestado a Deus há, porém, uma continuidade: com efeito, a honra devida a Maria está ordenada e conduz à adoração da Santíssima Trindade.

(São João Paulo II, Alocução de 22.10.97.)

2 DE FEVEREIRO: FESTA DE MARIA OU DO SENHOR?

Mesmo quando a Igreja destaca um privilégio ou uma graça de Maria, não é ela que está no centro daquela celebração, mas seu Filho, em função do qual a mãe foi agraciada por Deus. Isso se vê claramente, por exemplo, na festa de 2 de fevereiro.

A Apresentação do Senhor

Duas prescrições legais

A festa da Apresentação do Senhor funde duas prescrições legais diferentes do Antigo Testamento: uma do livro do Êxodo: o Senhor determina que o primogênito lhe seja consagrado, como memória do dia em que libertou seus filhos do Egito (cf. Êx 13,1-3); outra, do livro do Levítico: quando a mãe der à luz, deverá ir ao Templo para purificar-se, oferecendo ao Senhor um cordeiro e um pombinho, ou dois pombinhos (cf. Lv 12,1-8).

Não havia obrigação de o marido acompanhar a esposa nessa visita, nem estava prescrito que o filho fosse levado ao Templo. Maria, no entanto, acompanhada por José (cf. Lc 2,22-40), agiu de maneira singular. Levou em seus braços – e só Deus sabe com quanto carinho! – seu filho Jesus.

Nesse fato está a origem da festa da Apresentação do Senhor, lembrada também cada vez que rezamos o 4º mistério gozoso. Jesus está no centro desse acontecimento.

Como todo hebreu, Simeão, que morava em Jerusalém e era um homem justo e piedoso (cf. Lc 2,25), esperava a realização das promessas de Deus, anunciadas pelos profetas. Mas sabia, além disso, por revelação do Espírito Santo, que, antes de morrer, veria com os próprios olhos o Messias do Senhor. Ele devia conhecer de cor e repetir constantemente as profecias que anunciavam a vinda do Messias. E, para esperá-lo, passava seus dias no Templo. Estava envelhecendo, suas forças diminuíam e sentia avizinhar-se a morte – e nada acontecia! Como Abraão teve fé contra toda a esperança (cf. Rm 4,18).

Eis que um dia sentiu uma vontade irresistível de subir ao Templo do Senhor. Lá encontrou, no meio de muita gente, um jovem casal. Ela levava uma criança nos braços; o esposo, duas pombinhas, a oferta dos pobres. O velho Simeão tomou o menino em seus braços e louvou a Deus com uma belíssima oração: *Agora, Senhor, deixai o vosso servo ir em paz, segundo a vossa palavra* (Lc 2,29). Simeão encontrou o Salvador, Jesus Cristo. Melhor: o Espírito Santo é que o impeliu a ir em direção dele. O Salvador, levado por Maria, está agora em seus braços. Mas o Espírito Santo tinha alguma coisa a dizer pela boca de Simeão, e esse homem justo continuou a dar graças: *Porque os meus olhos viram a vossa salvação que preparastes diante de todos os povos, como luz para iluminar as nações, e para a glória de vosso povo de Israel* (Lc 2,30-32).

Missão universal de Jesus

Simeão resumiu, em poucas palavras, a missão universal de Jesus: não veio para salvar apenas o povo de Israel, mas todas as nações. A verdadeira glória do povo escolhido consiste em ter dado ao mundo o Salvador que recebeu.

De que modo Maria, a Mãe de Jesus, recebeu a revelação feita por Simeão? É importante ressaltar que o Messias foi ao Templo levado por sua mãe. Simeão pôde ter o Menino em seus braços porque Maria o levou e lhe deu. Aqui está uma característica da missão de Maria: dar condições para que outros bendigam a Deus.

O mensageiro da Anunciação havia dito a Maria: *O Senhor Deus lhe dará o trono de seu pai Davi; e reinará eternamente na casa de Jacó* (Lc

1,32). A José havia sido dito: *Ela dará à luz um filho, a quem porás o nome de Jesus, porque ele salvará o seu povo de seus pecados* (Mt 1,21). Tais promessas não pareciam ir além dos limites de Israel. Agora, pela boca de Simeão, o Espírito Santo manifesta-lhes a missão universal de Jesus. Maria, que costumava *guardar tudo em seu coração*, jamais se esquecerá das palavras que ouviu no Templo, verdadeira luz em sua vida. Elas foram confirmadas primeiramente pelo próprio Jesus, em sua despedida, quando enviou os apóstolos pelo mundo todo, para pregar o Evangelho a toda criatura. Poucos dias depois, em Pentecostes, viu os Apóstolos falar de tal modo que todos os entendiam; viu-os também voltar de suas viagens a países pagãos, contando as maravilhas que a graça de Deus estava operando no coração de todos. Não havia dúvida alguma: Jesus era, *é* e será sempre a luz das nações, de todas as nações, de todos os povos.

NA ORIGEM DA EUCARISTIA ESTÁ PRESENTE MARIA

A Virgem Maria "ofereceu ao Senhor a Carne inocente e o Sangue precioso por nós recebidos no Altar. (...) Aquele Corpo e aquele Sangue divino, que depois da consagração estão presentes no altar e são oferecidos ao Pai e se tornam comunhão de amor para todos, confirmando-nos na unidade do Espírito para edificar a Igreja, conservam a sua originária matriz em Maria. Ela preparou aquela Carne e aquele Sangue, antes de os oferecer ao Verbo como dom da família humana inteira, para que se revestisse deles tornando-se o nosso Redentor, sumo Sacerdote e Vítima.

Na origem da Eucaristia está, portanto, a vida virginal e materna de Maria, sua transbordante experiência de Deus, seu caminho de fé e de amor, que, por obra do Espírito Santo, fizeram da sua carne um templo, do seu coração um altar: pois ela concebeu não segundo a natureza, mas mediante a fé, com ato livre e consciente: um ato de obediência. E se o Corpo, que nós comemos, e o Sangue, que nós bebemos, são os inefáveis dons do Senhor ressuscitado a nós caminheiros, ele ainda traz em si, como Pão fragrante, o sabor e o perfume da virgem Mãe. (...)

Nascido da Virgem para ser oblação pura, santa e imaculada, Cristo realizou no Altar da Cruz o sacrifício único e perfeito, que em cada Missa, de modo incruento, renova-se e se torna atual. Naquele único sacrifício teve parte ativa Maria, a primeira redimida, a Mãe da Igreja. Esteve junto do Crucificado, sofrendo profundamente com o seu Unigênito; associou-se com ânimo materno ao seu sacrifício; com amor consentiu a sua imolação (cf.

LG 58; MC 20); ofereceu-o e ofereceu-se ao Pai. Cada Eucaristia é memorial daquele sacrifício e da Páscoa que de novo deu vida ao mundo; cada Missa põe-nos em íntima relação com ela, a Mãe, cujo sacrifício 'volta a estar presente', como 'se torna presente' o sacrifício do Filho pelas palavras da Consagração do pão e do vinho pronunciadas pelo sacerdote".

(São João Paulo II, 05.06.83.)

11

Rezar como Maria rezou

"A minh'alma engrandece ao Senhor."
(Lc 1,46)

Magnificat[1] *(Lc 1,46-55)*

⁴⁶ A minh'alma engrandece ao Senhor,
⁴⁷ e se alegrou o meu espírito em Deus, meu Salvador,
⁴⁸ pois ele viu a pequenez de sua serva,
eis que agora as gerações hão de chamar-me de bendita.

⁴⁹ O Poderoso fez por mim maravilhas
e Santo é o seu nome!
⁵⁰ Seu amor, de geração em geração,
chega a todos que o respeitam.

⁵¹ Demonstrou o poder de seu braço,
dispersou os orgulhosos.
⁵² Derrubou os poderosos de seus tronos
e os humildes exaltou.

⁵³ De bens saciou os famintos
e despediu, sem nada, os ricos.
⁵⁴ Acolheu Israel, seu servidor,
fiel ao seu amor,

⁵⁵ como havia prometido aos nossos pais,
em favor de Abraão e de seus filhos, para sempre.

---

[1] A palavra (verbo) latina "Magnificat" significa: "engrandece". Com essa palavra começa o Hino de Maria em latim.

Glória ao Pai e ao Filho e ao Espírito Santo,
Como era no princípio, agora e sempre. Amém.[2]

(Tradução oficial da CNBB – cf. *Liturgia das Horas*.)

Magnificat: a oração de Maria, a nossa oração

Uma visita

Ao ganharmos um presente, nasce, espontaneamente, um agradecimento. Quanto mais inesperado e imerecido ele for, maior a necessidade que sentimos de expressar nossa gratidão a quem nos manifestou tanta bondade. Nessa hora, percebemos como nossas palavras são pobres e incapazes de expressar o que vai em nosso coração.

Ao receber a visita de sua prima Maria, vinda da distante Nazaré, Isabel traduziu sua alegria e gratidão por tão honrosa visita com uma exclamação e uma pergunta, que bem traduziam a ação do Espírito Santo em seu coração: "Tu és bendita mais do que todas as mulheres; bendito é também o fruto do teu ventre! Como me é dado que venha a mim a mãe do meu Senhor?" (Lc 1,42-43).

Bendita, dizemos nós, foi também Isabel! Suas palavras, cheias da sabedoria de Deus, tiveram o dom de fazer o coração de Maria transbordar.

Um anúncio

Tempos antes, na Anunciação, tendo o anjo Gabriel transmitido a Maria a mensagem que trazia da parte de Deus, ouviu o *sim* daquela que era "cheia de graça": "Faça-se em mim segundo a tua palavra" (Lc 1,38). Tendo ficado só, começou para a Virgem Maria a mais extraordinária experiência de fé da história da humanidade.

A partir de sua adesão à vontade de Deus, Maria Santíssima levava consigo Jesus, o Salvador. Quem nela acreditaria se contasse o que estava acontecendo consigo? Como contar? Contar para quem?

Ao encontrar-se com Isabel, percebeu que havia alguém que conhecia seu segredo. E, situação curiosa: ela, que queria ser apenas "a serva do Senhor", estava sendo homenageada pela própria prima: "Tu és bendita... Bendito é também o fruto do teu ventre..."

As palavras de Isabel tiveram o dom de romper o silêncio de Maria, fazendo com que rezasse um dos mais belos hinos que desta terra se elevou aos céus: *A minh'alma engrandece ao Senhor, e se alegrou o meu espírito em Deus, meu Salvador...* (Lc 1,46-55).

---

[2] O Glória, ao final do "Magnificat", é uma conclusão adequada para conferir à oração um sentido de louvor, cristológico e trinitário.

Um presente

Maria Santíssima não podia desmentir Isabel: sentia-se obrigada a reconhecer a verdade do que sua parenta falara. Afinal, a humildade é uma faceta da verdade. Lembrava, contudo, que Deus era o autor do que nela se realizava – por isso sua alma o engrandecia. Sim, *ele viu a pequenez de sua serva*. O Poderoso é que a escolhera como Mãe do Salvador, do Esperado das Nações, de seu próprio Filho.

O *Magnificat* testemunha a experiência que Maria fez de Deus. Mais tarde, o apóstolo e evangelista João transmitiria as palavras de Jesus: "Deus, com efeito, amou tanto o mundo que lhe deu o seu Filho" (Jo 3,16). A partir da Anunciação é que essa promessa começou a concretizar-se (cf. Jo 1,14). Maria Santíssima foi a primeira a tomar conhecimento da realização das promessas feitas por Deus a seu povo. Sabia que nela a História da Salvação chegava ao seu ponto mais alto.

Uma experiência

O Antigo Testamento, rico de homens de Deus, exemplos de fé e oração, havia preparado o momento da encarnação do Verbo. Uma vez que ela se realizara em seu coração, restava à Virgem de Nazaré testemunhar a misericórdia de Deus: *Seu amor, de geração em geração, chega a todos que o respeitam.*

Ela o havia reverenciado, ela o havia amado. Experimentara também que Deus, o Senhor de seu povo, *demonstrou o poder de seu braço, dispersou os orgulhosos. Derrubou os poderosos de seus tronos e os humildes exaltou.*

Os humildes exaltou! Disso ela própria era testemunha. O Senhor olhara justamente para sua humildade. E as gerações futuras – e isso não dependia dela – a chamariam de *bendita*.

Ninguém, como ela, pôde experimentar o amor preferencial de Deus pelos pobres, particularmente por aqueles que, profundamente convictos das próprias limitações, põem nele toda a sua confiança.

Maria estava fazendo também outra experiência: o Senhor *de bens saciou os famintos, e despediu, sem nada, os ricos.* O Deus que salva é também fonte de toda a dádiva. Ela percebia que quanto mais alguém se esvaziava de si, melhor poderia acolher o Senhor.

Deus é também aquele que *acolheu Israel, seu servidor, fiel ao seu amor.* Se ele é fiel ao seu amor, por que ter medo? Por que preocupar-se? Por que fazer perguntas a respeito do futuro? Para Maria Santíssima, confiar em Deus era mesmo uma necessidade. Por isso, recordando-se da história de seu povo, podia completar: *como havia prometido aos nossos pais, em favor de Abraão e de seus filhos, para sempre.*

Um grito

O *Magnificat* é uma belíssima e extraordinária expressão da experiência pessoal da Virgem Maria, de sua experiência de Deus. É como se ela gritasse, para que sua voz pudesse ser ouvida em todas as partes do mundo – ouvida particularmente em nosso tempo:

- pelo doente, que é chamado a fazer, de seu leito de dor, um outro Calvário, para completar em sua carne o que falta à paixão de Cristo (cf. Cl 1,24);
- pela mãe, que sofre com o filho envolvido no mundo da droga;
- pelo pai que, por mais que trabalhe, não consegue dar à família o mínimo necessário a uma vida digna;
- pelo jovem que não tem mais esperança nem razões para viver e sofre em permanente conflito;
- pelas crianças que não têm a graça que seu Filho teve, de ser plenamente acolhido e amado; também por aquelas a quem não é dado o direito de nascer, por essa afronta à obra do Criador que é o aborto.

A oração, o cântico, o grito de Maria é um testemunho vivo e atual: *Deus é amor!* É como se dissesse: quem quer que você seja, qualquer que seja a sua situação, qualquer que seja seu passado, Deus o ama! E o ama de forma total. Todos são envolvidos por Deus, que é amor!

Uma síntese

O *Magnificat* é a síntese da experiência de Maria. Cabe à Igreja continuar essa oração. Mas, por que motivos engrandecer hoje o Senhor?

A Igreja alegra-se em Deus, seu Salvador,

- pelos gestos de bondade que nascem no coração de inúmeros filhos seus, gestos, muitas vezes, escondidos ou pouco valorizados pelo mundo;
- pelos sacrifícios feitos por aqueles que são capazes de dar a vida no silêncio de conventos ou que transformam seus lares em Igrejas domésticas;
- pelos jovens que sabem preparar-se com dignidade, santidade e pureza para a vida matrimonial; também por aqueles jovens que aceitam o desafio de ser sacerdotes hoje;
- pelos mártires de todos os tempos e, particularmente, de nosso tempo, capazes de testemunhar sua fé e seu amor a Deus com o derramamento do próprio sangue;

- por aqueles que, inspirados pelo Espírito Santo, reúnem-se em grupos de oração, em comunidades eclesiais de base ou em círculos bíblicos para rezar e organizar suas vidas à luz da Palavra de Deus;
- pelos sucessores de Pedro na história, capazes de falar não o que muitos gostariam de ouvir, mas o que deve ser dito, quer agrade, quer desagrade.

Um canto

Por esses e muitos outros motivos, a Igreja alegra-se em rezar o *Magnificat*. E sabe que assim como o Senhor olhou para sua serva, e nela fez maravilhas, de igual maneira quer olhar também para todos os que foram redimidos pelo sangue de seu Filho, para neles fazer maravilhas. Na medida em que encontrar corações abertos, disponíveis e generosos, ele os conduzirá, porque é fiel a seu amor.

Só nos resta, conscientes de nossa pobreza e das limitações de nossas palavras, fazer nossa a oração de Maria. Melhor: continuar seu *Magnificat*, cantando, unidos: *A minh'alma engrandece ao Senhor, e se alegrou o meu espírito em Deus, meu Salvador... O Poderoso fez por mim maravilhas, e Santo é o seu nome!...*

MAGNIFICAT: UM CANTO DE MARIA?

O canto é de Maria

Nos últimos dois séculos, por influência de uma exegese racionalista, houve quem negasse a Maria a autoria do *Magnificat*. "Como seria possível", perguntam, "que uma jovem judia fosse capaz de compor um hino tão rico e belo?" Concluem que "um literato", "um profissional dos salmos" ou, mais provavelmente, "uma primitiva comunidade cristã" fosse seu autor. O evangelista Lucas, tendo conhecido esse canto, provavelmente rezado numa comunidade de Jerusalém, tê-lo-ia atribuído a Maria. Colocando-o em seus lábios, destacava, dessa maneira, sua importância na História da Salvação.

Diante dessas observações, cabe-nos perguntar: afinal, o *Magnificat* é um canto de Maria, uma criação literária, ou o canto de uma comunidade?

O canto do *Magnificat* é de Maria. O evangelista Lucas o atribuiu formalmente a ela e sua afirmação tem um peso nada desprezível. Quando escreveu, esse evangelista o fez com conhecimento de causa: visitou a comunidade de Jerusalém (cf. At 21), onde encontrou-se com Tiago (cf. At 21,18). Juntamente com Paulo, ficou naquela cidade um longo período (cf. At 21-23). Suas informações foram obtidas nas fontes. Lucas, portanto, é digno de crédito. É o mais histórico dos evangelistas.

Para escrever seu Evangelho, procurou levar em conta o que foi transmitido por aqueles que, desde o começo, foram "testemunhas oculares". Informou-se cuidadosamente "de tudo, a partir das origens". Para que seus ouvintes pudessem verificar a solidez dos ensinamentos recebidos, procurou oferecer-lhes uma "narração ordenada" (cf. Lc 1,1-4). Tudo isso é afirmado solenemente pelo evangelista, no início de suas narrativas.

Conservava tudo no coração

Por três vezes, nos dois primeiros capítulos de seu Evangelho, Lucas refere-se a palavras e acontecimentos que as testemunhas guardavam em seu coração (1,65-66; 2,19 e 2,51 – nas duas referências a Maria, insiste: ela conservava todos esses acontecimentos em seu coração). Não se trata, apenas, de recordações sentimentais, uma vez que, na Bíblia, a palavra "coração" designa o centro profundo da personalidade. A comunidade que guardava a reação de todos diante dos fatos ocorridos por ocasião do nascimento de João Batista e a própria Mãe de Jesus tornaram-se, para

Lucas, fontes altamente confiáveis. Se o evangelista obteve suas informações diretamente de Maria ou de alguma tradição oral ou escrita, não há meios de precisar.

Maria pertencia a um povo que vivia especialmente de tradições orais. A história dos antepassados, seus cânticos e, particularmente, os salmos estavam sempre no coração de todos e alimentavam suas próprias orações. *O Magnificat* é, pois, um fruto, verbalmente pouco original, dessa tradição. Percebe-se, por exemplo, que tem marcas profundas do cântico de Ana (1Sm 2,1-10), mãe de Samuel, depois que Deus a livrou da "humilhação" da esterilidade.

As ideias principais do canto de Maria estavam presentes na memória de todos: Deus é poderoso; seu nome é santo; seu amor é para todos; ele dispersa os orgulhosos, exalta os humildes e alimenta os famintos; acolhe Israel etc. Vivendo uma experiência de Deus que deixava ela própria surpresa, Maria, que costumava guardar tudo em seu coração, foi nele buscar inspiração para sua oração. Surgiu, então, uma oração realmente bela e rica, pois brotou de alguém que era "cheia de graça" e estava sob a ação do Espírito Santo[3].

---

[3] Para maiores aprofundamentos: René Laurentin, *Il Magnificat – Espressione della riconoscenza di Maria*. Queriniana, Brescia, 1993.

12 A mediação de Maria

> *"Porque há um só Deus e há um só mediador entre Deus e os homens: Jesus Cristo, homem que se entregou como resgate por todos."*
> (1Tm 2,5-6).

Jesus, único mediador

Tendo diante de si essas palavras do apóstolo Paulo, muitos perguntam: "Como é que os católicos ousam falar em **mediação de Maria?**"

Já nos primeiros tempos da Igreja, havia o costume de se invocar Maria. Prova disso é a oração "Sob tua proteção, ó Mãe de Deus...", que é, aproximadamente, do ano 200. O título de *mediadora*, referente a ela, começou a ser usado no século VI e tornou-se mais popular a partir do século XII.

O único mediador entre Deus e o homem é Jesus: "Ninguém vai ao Pai a não ser por mim" (Jo 14,6). É preciso estar atento, porém, ao seguinte: toda vez que usamos uma mesma palavra referindo-nos a Deus e a nós, seu sentido é totalmente diferente. Pensemos, por exemplo, na palavra *santidade*. Quando afirmamos que Deus é santo e depois dizemos que Antônio de Pádua é santo, usamos a mesma palavra: *santo*. Mas o significado, num e noutro caso, é totalmente diferente. Deus é santo no sentido absoluto, original. Podemos até dizer que Deus é a santidade. Santo Antônio, ao contrário, é santo no sentido relativo, isto é, limitado e dependente. Ele participa, por um dom de Deus, da santidade divina. Jamais poderíamos dizer que Antônio de Pádua é a santidade. Entendendo esses diferentes usos da palavra *santo*, é legítimo continuar dizendo que Santo Antônio é santo.

O mesmo poderemos dizer da bondade, da misericórdia ou da perfeição ("Sede perfeitos como o vosso Pai celeste é perfeito!"): referindo-se a Deus, trata-se de atributos absolutos e originais. Referindo-se a pessoas, trata-se de uma participação nos atributos divinos – participação limitada e dependente.

Uma mediação dependente

Assim, quando dizemos que Jesus é o mediador, que é o único mediador, entendemos essa palavra no sentido absoluto, original e exclusivo. Já quando dizemos que Maria é mediadora, essa palavra é usada no sentido relativo e subordinado, como participação na única mediação de Cristo. É o critério que vale para todos os atributos divinos. Assim, a palavra "mediadora" não causa mais problemas, já que não se tira nada da mediação de Cristo, e passa a ser compreendida em seu sentido exato.

Nesse sentido poderemos ir além e dizer que há outros mediadores: os apóstolos, os missionários e todos os que pregam o Evangelho. São também mediadores os párocos, os catequistas, bem como os pais que educam os filhos segundo a fé cristã. Cada batizado é chamado a ser um mediador: "Sereis minhas testemunhas!" (At 1,8). E é tão importante essa mediação que o Evangelho só chegará a muitas pessoas e lugares por meio dela: "Ide, pois, e ensinai a todas as nações; batizai-as em nome do Pai e do Filho e do Espírito Santo. Ensinai-as a observar tudo o que vos prescrevi" (Mt 28,19-20a). "Nisto todos conhecerão que sois meus discípulos, se vos amardes uns aos outros" (Jo 13,35).

Em síntese: toda mediação está sempre subordinada e dependente da de Cristo, que é o único mediador entre nós e o Pai. Ele não perde essa prerrogativa pelo fato de deixar outros participarem de sua mediação.

A mediação de Maria é especial, tendo em vista seu lugar único no mistério de Cristo e da Igreja. Basta pensar em sua colaboração para que acontecesse a encarnação de Jesus. Mais: levou Jesus, que nela havia se encarnado, à prima Isabel e a João Batista; colocou-o nos braços de Simeão; intercedeu em Caná quando o vinho acabou.

No céu, Maria não é mediadora junto ao mediador, mas nele e por ele; ela está em comunhão total com Cristo. Assim, a mediação universal de Maria, no sentido que temos hoje, nada mais é que sua maternidade universal em relação aos homens (cf. Jo 19,25-27).

Logo, quando o povo de Deus, iluminado pelo Espírito Santo, recorre a Maria em suas necessidades, sabe que a mediação de Maria depende da única mediação de Cristo, e que todas as graças têm a mesma fonte: o Coração aberto de seu Filho.

CORREDENTORA – MEDIANEIRA

Há os que afirmam não ser oportuno aplicar a Maria os títulos de *Corredentora e Medianeira,* pela confusão que podem criar entre os fiéis e pelas interrogações que podem fazer surgir em pessoas de outras religiões.

Todos nós somos colaboradores de Deus em Jesus Cristo (cf. 1Cor 3,9). Maria é a primeira e pode atribuir a si esse título de maneira única, dado seu papel na encarnação e sua união exemplar com Cristo, até os pés da Cruz, onde Jesus, como em testamento, confiou-lhe a missão de mãe. Mas, lembra o teólogo René Laurentin, "não nos esqueçamos de que Cristo é o único mediador e somente ele é o redentor. Somente ele é Deus; somente ele foi crucificado, morreu e ressuscitou; somente ele levou a termo seu sacrifício, retornando ao Pai quarenta dias depois da Páscoa. Não existe, portanto, outra mediação e corredenção se não em Cristo e por meio dele" (Revista *Testimoni,* Bologna – Itália, 28.02.98, p. 14-15).

Como os títulos Corredentora e Medianeira, para não surgir mal-entendidos, precisam ser acompanhados de explicações, não seria mais adequado, então, – perguntam alguns teólogos –, usar títulos de compreensão mais imediata e fácil? É o que a Igreja faz há muitos séculos: consciente de que a Virgem Santíssima "cuida com amor materno dos irmãos e das irmãs de seu Filho, que ainda caminham entre os perigos e as dificuldades desta terra" (LG 62), invoca-a com títulos que lembram esse cuidado: *Advogada* (cf. LG 62), *Virgem Poderosa* (cf. Ladainha de Nossa Senhora), *Auxílio dos Cristãos (id.), Nossa Senhora Auxiliadora, Nossa Senhora do Perpétuo Socorro* etc.

A MEDIAÇÃO DE MARIA
SEGUNDO O CONCÍLIO VATICANO II

"Nosso mediador é único, segundo as palavras do apóstolo: "Porque há um só Deus e há um só mediador entre Deus e os homens: Jesus Cristo, homem que se entregou como resgate por todos" (1Tm 2,5-6). O papel maternal de Maria não faz nenhuma sombra, nem diminui em nada esta mediação única de Jesus. A atuação salutar de Nossa Senhora junto aos seres humanos não provém de uma necessidade objetiva qualquer, mas do puro bene-plácito divino, flfluindo da superabundância dos méritos de Cristo. Funda-se, pois, na mediação de Cristo, de que depende completa-mente e da qual tira toda sua força. Não coloca nenhum obstáculo à união imediata dos fiéis com Cristo, mas até a favorece. (...)

A maternidade de Maria se estende a toda a economia da graça, desde o consentimento, que fielmente deu na Anunciação e que manteve firme na cruz, até a definitiva e eterna coroação de to-dos os eleitos. Tendo subido aos céus, não abandonou esse papel, mas continua a interceder pela obtenção de nossa eterna salvação. Cuida com amor materno dos irmãos e das irmãs de seu Filho, que ainda caminham entre os perigos e as dificuldades desta terra, até que alcancem a felicidade da pátria. Por isso a Igreja invoca Nossa Senhora como advogada, auxiliadora, perpétuo socorro e media-dora. O que se deve entender sem que nada seja derrogado nem acrescentado à dignidade e à eficácia da atuação de Cristo.

Nenhuma criatura poderá jamais ser comparada com o Ver-bo encarnado, o Redentor. Mas assim como o sacerdócio de Cristo é participado de vários modos pelos ministros e pelos fiéis, como a bondade de Deus se irradia diferentemente por todas as criaturas, também a mediação única do Redentor, longe de excluir, desperta nas criaturas participações várias de sua única fonte.

A Igreja não hesita em proclamar, nessa perspectiva, o papel subordinado de Maria. Como sempre o experimentou, recomenda-o cordialmente aos fiéis, para que, sustentados por tal apoio materno, unam-se mais intimamente ao Mediador e Salvador" (LG 60 e 62).

O CARÁTER MATERNAL DA MEDIAÇÃO DE MARIA

Por ocasião do casamento em Caná da Galileia, qual o en-tendimento que houve entre Jesus e sua mãe? O episódio descrito pelo evangelista João (2,1-12), além de mostrar a íntima união espi-ritual entre eles, testemunha a preocupação de Maria pelos homens e mulheres, tanto que vai ao encontro de suas necessidades.

"Em Caná da Galileia, torna-se patente só um aspecto con-creto da indigência humana, pequeno aparentemente e de pouca importância ('Não têm mais vinho!'). Mas é algo que porta um valor simbólico: aquele ir ao encontro das necessidades do ser huma-no significa, ao mesmo tempo, introduzi-las no âmbito da missão messiânica e do poder salvífico de Cristo. Dá-se, portanto, uma mediação: Maria põe-se de permeio entre o seu Filho e os homens na realidade de suas privações, de suas indigências e de seus sofrimentos." Ela "pode, ou antes, tem o direito de fazer presente ao Filho as necessidades dos homens. Sua mediação, portanto, tem um caráter de intercessão: Maria intercede pelos homens. E não é tudo: como Mãe deseja também que se manifeste o poder messiânico do Filho, ou seja, seu poder salvífico, que se destina a socorrer as desventuras humanas, a libertar o homem do mal que, sob diversas formas e em diversas proporções, faz sentir o peso na sua vida. (...)

Outro elemento essencial dessa função maternal de Maria pode ser captado nas palavras dirigidas aos que serviam à mesa: 'Fazei aquilo que ele vos disser'. A Mãe de Cristo apresenta-se diante dos homens como porta-voz da vontade do Filho, como quem indica as exigências que devem ser satisfeitas, para que possa manifestar-se o poder salvífico do Messias" (RMa 21-22).

A mediação de Maria "é uma mediação em Cristo. (...) Não impede o contato imediato dos fiéis com Cristo, antes o facilita. (...) A mediação de Maria está intimamente ligada à sua maternidade e possui um caráter especificamente maternal, que a distingue da mediação das outras criaturas que, de diferentes modos e sempre subordinados, participam na única mediação de Cristo; também a mediação de Maria permanece subordinada. (...) Maria foi quem primeiro experimentou em si os efeitos sobrenaturais da única mediação [de Cristo]."

(RMa 38-39 – N.B.: Toda a terceira parte da Carta Encíclica *Redemptoris Mater*, de João Paulo II, é dedicada a este tema: **Mediação Materna.**)

O PAI QUIS A PRESENÇA DE MARIA

"O próprio Pai quis a presença de Maria na história da salvação. Quando decidiu enviar seu Filho ao mundo, quis que ele viesse a nós nascendo de uma mulher (cf. Gl 4,4). Deste modo quis que esta mulher, a primeira a acolher o seu Filho, comunicasse-o à humanidade inteira.

Maria encontra-se, portanto, no caminho que do Pai vem à humanidade, como mãe, que dá a todos o Filho Salvador. Ao mesmo tempo, ela está no caminho que os homens devem percorrer para ir ao Pai, por meio de Cristo no Espírito Santo (cf. Ef 2,18).

(...) Ela não quer atrair a atenção para sua pessoa. Viveu sobre a terra com o olhar fixo em Jesus e no Pai celeste. Seu desejo mais intenso é fazer convergir os olhares de todos na mesma direção. Quer promover um olhar de fé e de esperança no Salvador, que nos foi enviado pelo Pai."

(São João Paulo II, 12.01.2000.)

"Mulher, és tão grande e tanto vales,
que quem deseja uma graça e a vós não se dirige,
é como se quisesse voar sem asas."

(Dante, *Divina Comédia*, Par. XXXIII, 13-15; citado por São João Paulo II na Carta Apostólica *Rosarium Virginis Mariae, 16.*)

13

Rogai por nós, pecadores!

Santa Maria, Mãe de Deus, rogai por nós, pecadores, agora e na hora de nossa morte.

O povo de Deus, em oração, volta-se para Maria

À vossa proteção

À vossa proteção recorremos, Santa Mãe de Deus; não desprezeis as nossas súplicas em nossas necessidades, mas livrai-nos sempre de todos os perigos, ó Virgem gloriosa e bendita. Amém.[1]

Essa é a mais antiga oração a Nossa Senhora. Como chegou até nós? A Biblioteca John Ryland, de Manchester – Inglaterra – adquiriu, em 1917, no Egito, um fragmento de papiro (18x9,4cm), do século III. Em 1939, identificou-se o conteúdo: tratava-se de uma oração dirigida a Nossa Senhora – precisamente essa. O Concílio Vaticano II fez uma referência a ela: Maria "é merecidamente honrada com culto especial pela Igreja. Com efeito, desde remotíssimos tempos, a Bem-aventurada virgem é venerada sob o título de Mãe de Deus, sob cuja proteção os fiéis se refugiam súplices em todos os seus perigos e necessidades" (LG 66).

---

[1] O texto acima encontra-se na *Liturgia das Horas* – Oração da Noite. A tradução literal do papiro encontrado no Egito está no capítulo **"Dois mil anos de história: um longo caminho para conhecer Maria"** – O Século III.

Ave-Maria

Ave, Maria, cheia de graça, o Senhor é convosco, bendita sois vós entre as mulheres e bendito é o fruto do vosso ventre, Jesus. Santa Maria, Mãe de Deus, rogai por nós, pecadores, agora e na hora de nossa morte. Amém.

Ave, Maria!

Enquanto você estiver lendo este texto, milhares de pessoas, de todas as idades, nos lugares mais distantes do mundo, nas mais diversas línguas, estarão rezando a oração da *Ave-Maria*. Como explicar a popularidade dessa oração? Como entender que pessoas diferentes nela se encontrem, a ponto de rezá-la juntas, nas mais diversas situações?

Se procurássemos uma explicação humana, ficaríamos decepcionados: é uma oração muito simples. Poética, sim, mas aparentemente sem nada de especial. Talvez a explicação esteja justamente aí: é simples como tudo aquilo que é de Deus.

A *Ave-Maria* é uma das primeiras orações que a criança aprende. Provavelmente seja a oração que mais rezamos ao longo de nossa vida. E quantos morrem, tendo-a nos lábios. Alguém já a comparou a uma mina de ouro. Numa mina, quanto mais fundo se cava, mais ouro costuma aparecer. Algo semelhante acontece com a *Ave-Maria*: quanto mais a rezamos e meditamos, mais e maiores riquezas descobrimos.

Já nos primeiros séculos do cristianismo, ligava-se à saudação do anjo – *Ave, Maria, cheia de graça, o Senhor é convosco!* – ao louvor de Isabel: *Bendita sois vós entre as mulheres e bendito é o fruto do vosso ventre.* Estamos aqui diante do ponto de vista de Deus, isto é, como ele vê a Virgem Maria. Gabriel a saúda com uma expressão messiânica: *Ave,* isto é: *Alegra-te!* A humanidade aguardava há séculos a realização das promessas de Deus. Eis que, agora, Deus vai cumpri-las. Estamos no momento mais importante da história da humanidade: o Onipotente tem um belíssimo plano para salvar seus filhos, mas, para executá-lo, aceita ficar na dependência do *sim* de uma criatura. Uma irmã nossa dá sua colaboração decisiva para a encarnação do Filho de Deus.

O convite feito a Maria nos recorda de que também nós somos escolhidos por Deus para a concretização de seu plano de amor. O Pai, em seu amor infinito, faz-nos propostas; não nos obriga a abraçar sua vontade.

Isabel, privilegiada porque foi a primeira a receber a visita de Jesus, repleta do Espírito Santo, exclamou: *Bendita...* Maria não é bendita por si mesma. Deus é que a tornou assim, fazendo-a *cheia de graça*. É bendita porque foi escolhida por Deus para a mais bela das missões. Isabel proclamou igualmente bendito o fruto de seu ventre: Jesus, o grande dom do Pai.

A segunda parte da *Ave-Maria* foi nascendo aos poucos, até ser fixada no século dezesseis pelo Papa Pio V. Desde então, não tem sofrido alterações: *"Santa Maria, Mãe de Deus, rogai por nós, pecadores, agora e na hora de nossa morte. Amém"*. Ela resume o pensamento e a súplica dos homens e das mulheres de todos os tempos.

Santa Maria, Mãe de Deus: é o título mais importante e belo da Virgem Santíssima. Já no segundo século era dirigido a Maria e foi objeto de uma definição conciliar (Éfeso, 431). Maria é Mãe de Jesus, o Filho de Deus. É Mãe de Jesus, que é Deus. É Mãe, pois, de Deus!

Conscientes de nossa fragilidade, não aceitemos que o desânimo nos domine: voltemo-nos, confiantes, para aquela que, em Caná, esteve atenta às necessidades de seus filhos. Mãe solícita, continua atenta aos desafios enfrentados por outros filhos, remidos que foram pelo sangue de Jesus. Brote, pois, de nosso coração, o pedido: cuide de nós, Mãe querida, *agora e*, muito particularmente, *na hora de nossa morte*.

Não é uma graça e um privilégio poder rezar uma oração assim?...

Salve, Rainha

Salve, Rainha, Mãe de misericórdia, vida, doçura e esperança nossa, salve! A vós bradamos, os degredados filhos de Eva; a vós suspiramos, gemendo e chorando neste vale de lágrimas. Eia, pois, advogada nossa, esses vossos olhos misericordiosos a nós volvei; e, depois deste desterro, mostrai-nos Jesus; bendito fruto do vosso ventre, ó clemente, ó piedosa, ó doce sempre Virgem Maria.

Salve, Rainha!

No século XI, vivia, num mosteiro, perto do lago de Constança, Suíça, o monge Germanus Contractus. Paralítico desde seu nascimento (18.07.1013), aos sete anos foi confiado pelos pais aos monges do Mosteiro de São Galo para ser instruído nas ciências e nas artes. Tempos depois foi admitido como monge no próprio mosteiro e ficou famoso como astrônomo, físico, matemático, teólogo, poeta e músico. Sua vida foi marcada pelo sofrimento, a ponto de escrever:

> "De três modos pode-se sofrer: estando-se inocente, como Nosso Senhor na cruz; estando-se culpado, como o bom ladrão; e para fazer penitência. Eu quero carregar minha cruz para satisfazer meus pecados e pecados dos outros. É este o meio mais seguro de se chegar à glória do céu. Mas, sinto-me muito fraco. O demônio quer me fazer vacilar. Mãe do céu, ajudai-me, para que, como vós, eu não murmure e não me queixe, mas reconheça no sofrimento uma prova do amor de Deus".

Dia 15 de novembro de 1049, sofrendo de modo especial, rezou em sua cela, diante de um quadro de Nossa Senhora, por quem tinha uma devoção especial. Em seu coração, nasceu a prece: "Salve, Rainha, Mãe de misericórdia, vida, doçura e esperança nossa, salve! A vós bradamos, os degredados filhos de Eva. A vós suspiramos, gemendo e chorando neste vale de lágrimas". Pouco depois, entrou em sua cela o Irmão enfermeiro. Germano manifestou-lhe o desejo de ir à capela, dedicada a Nossa Senhora. Ali, continuou sua meditação e prece. Rezou: "Eia, pois, advogada nossa, esses vossos olhos misericordiosos a nós volvei; e, depois deste desterro, mostrai-nos Jesus, bendito fruto do vosso ventre, ó clemente, ó piedosa, ó doce Maria!" A expressão "sempre virgem" – "ó doce *sempre Virgem* Maria" – foi acrescentada mais tarde.

A partir daí, multidões de fiéis passaram a rezar essa oração, que se tornou uma das mais populares preces marianas. Mereceu, inclusive, um belíssimo livro de Santo Afonso de Ligório, Bispo, fundador da Congregação Redentorista e Doutor da Igreja: "Glórias de Maria".

A Mãe da misericórdia

"Jamais os povos se cansarão de invocar a Mãe da misericórdia e sempre encontrarão refúgio sob a sua proteção."

(João Paulo II, IM 14.)

O anjo do Senhor

O anjo do Senhor anunciou a Maria.
E Ela concebeu do Espírito Santo.
      Ave, Maria....
Eis aqui a serva do Senhor,
Faça-se em mim segundo a vossa palavra.
      Ave, Maria...
E o Verbo se fez carne,
E habitou entre nós.
      Ave, Maria...
Rogai por nós, santa Mãe de Deus,
Para que sejamos dignos das promessas de Cristo.

Oremos: Infundi, Senhor, em nossas almas a vossa graça, a fim de que conhecendo, pelo anúncio do anjo, a encarnação de Jesus Cristo, vosso Filho, cheguemos, pelos merecimentos de sua paixão e morte, à glória da ressurreição. Pelo mesmo Cristo Senhor nosso. Amém.

Santificar os momentos do dia

A oração *O anjo do Senhor* é marcada pela simplicidade, tornando-se fácil de ser memorizada; tem fundamentação bíblica, levando-nos à contemplação da encarnação do Verbo. Além de santificar os diversos momentos do dia – de manhã (6h), ao meio-dia (12h) e à tarde (18h) –, introduz-nos no mistério pascal, pois celebra a encarnação do Senhor e pede-nos a graça de ser conduzidos "pela sua paixão e cruz à glória da ressurreição" (cf. MC 41). No tempo pascal, em vez de se rezar "O Anjo do Senhor", reza-se:

Rainha do Céu, alegrai-vos, aleluia.
Porque aquele que merecestes trazer em vosso seio, aleluia.

Ressuscitou como disse, aleluia.
Rogai a Deus por nós, aleluia.

Exultai e alegrai-vos, ó Virgem Maria, aleluia.
Porque o Senhor ressuscitou verdadeiramente, aleluia.

Oremos. Ó Deus, que Vos dignastes alegrar o mundo com a ressurreição de Vosso Filho Jesus Cristo, Senhor Nosso, concedei-nos que por sua Mãe, a Virgem Maria, alcancemos as alegrias da vida eterna. Pelo mesmo Cristo, Senhor Nosso. Amém.

Ladainha de Nossa Senhora

Senhor, tende piedade de nós.
Jesus Cristo, tende piedade de nós.
Senhor, tende piedade de nós.

Jesus Cristo, escutai-nos.
Jesus Cristo, atendei-nos.

Deus Pai celestial, tende piedade de nós.
Deus Filho, Redentor do mundo, tende piedade de nós.
Deus Espírito Santo, tende piedade de nós.
Santíssima Trindade, que sois um só Deus, tende piedade de nós.

*Santa Maria, (**rogai por nós**)*
Santa Mãe de Deus,
Santa Virgem das virgens,
Mãe de Jesus Cristo,

Mãe da divina graça,
Mãe puríssima,
Mãe castíssima,
Mãe imaculada,
Mãe intata,
Mãe amável,
Mãe admirável,
Mãe do bom conselho,
Mãe do Criador,
Mãe do Salvador,
Mãe da Igreja,
Virgem prudentíssima,
Virgem venerável,
Virgem louvável,
Virgem poderosa,
Virgem benigna,
Virgem fiel,
Espelho de justiça,
Sede da sabedoria,
Causa de nossa alegria,
Vaso espiritual,
Vaso honorífico,
Vaso insigne de devoção,
Rosa mística,
Torre de Davi,
Torre de marfim,
Casa de ouro,
Arca da aliança,
Porta do céu,
Estrela da manhã,
Saúde dos enfermos,
Refúgio dos pecadores,
Consoladora dos aflitos,
Auxílio dos cristãos,
Rainha dos anjos,
Rainha dos patriarcas,
Rainha dos profetas,
Rainha dos apóstolos,
Rainha dos mártires,
Rainha dos confessores,
Rainha das virgens,
Rainha de todos os santos,
Rainha concebida sem pecado original,

Rainha assunta ao céu,
Rainha do rosário,
Rainha da família,
Rainha da paz.

Cordeiro de Deus, que tirais o pecado do mundo,
perdoai-nos, Senhor.
Cordeiro de Deus, que tirais o pecado do mundo,
escutai-nos, Senhor.
Cordeiro de Deus, que tirais o pecado do mundo,
tende piedade de nós.

Oremos: *Concedei-nos, Senhor, perpétua saúde de corpo e de alma e que, pela intercessão gloriosa da bem-aventurada Virgem Maria, sejamos livres da presente tristeza e alcancemos a eterna alegria. Por nosso Senhor Jesus Cristo, que vive e reina convosco na unidade do Espírito Santo. Amém.*

Origem das ladainhas

Escrevendo a Timóteo, o apóstolo Paulo recomendou-lhe que ensinasse o povo a fazer pedidos, orações, súplicas e ações de graças por todos (cf. 1Tm 2,1-3). Como síntese dessas orações, nasceram as "orações dos fiéis", rezadas antes da apresentação das oferendas na Missa, e as "ladainhas".

A mais antiga ladainha que se conhece é a de Todos os Santos (há textos do ano 400!). Não havia uma ladainha única: cada região ou comunidade acabava criando a sua, com o nome dos santos de sua devoção. A partir do século XII, começaram a se multiplicar ladainhas dedicadas unicamente a Nossa Senhora. Na verdade, desde que o anjo Gabriel saudara Maria em nome do Senhor, havia o costume de louvá-la e enaltecê-la a partir das virtudes e graças que ela recebera.

No século XVI, começou, entre os peregrinos que iam à Santa Casa de Loreto, o costume de rezar uma ladainha própria, chamada "Ladainha Lauretana", com invocações e pedidos à Mãe de Deus. A forma como temos hoje foi aprovada pelo Papa Clemente VIII (1592-1605), com um decreto de 06.09.1601. Com sua aprovação, vinha uma determinação: qualquer modificação nessa ladainha só poderia ser feita pelo órgão do Vaticano, que hoje tem o nome de "Congregação do Culto Divino e Disciplina dos Sacramentos". A partir dessa aprovação papal, a Ladainha de Nossa Senhora passou a ser rezada no mundo todo, com poucos acréscimos posteriores. O mais recente deles é a invocação: "Rainha da família".

Rainha da Família

No dia 31 de dezembro de 1995, a Congregação do Culto Divino e Disciplina dos Sacramentos enviou uma carta às Conferências Episcopais comunicando-lhes que, por concessão do Sumo Pontífice, fora concedida a faculdade de inserir na Ladainha de Nossa Senhora a invocação "Rainha da família".

Essa concessão foi feita no Ano da Família, em resposta a muitos pedidos que haviam chegado à Santa Sé. A Igreja deseja que em todas as casas brilhe a luz de seus exemplos e que cada família possa enriquecer-se com sua materna proteção. Essa invocação deve ser feita após "Rainha do rosário" e antes de "Rainha da paz".

(cf. *Notitiae*, da "Congregatio de Culto Divino et Disciplina Sacramentorum", n. 357, 04/1996, p. 189-190.)

Lembrai-vos

Lembrai-vos, ó puríssima Virgem Maria, que jamais se ouviu dizer que algum daqueles que tem recorrido à vossa proteção, implorado vosso socorro e invocado vosso auxílio, fosse por vós desamparado. Animado, pois, com igual confiança, a vós, ó Virgem entre todas singular, como à minha mãe recorro; de vós me valho, e gemendo sob o peso dos meus pecados, me prostro a vossos pés. Não desprezeis as minhas súplicas, ó Mãe do Filho de Deus humanado, mas dignai-vos de as ouvir propícia e de me alcançar o que vos rogo. Amém.

Essa belíssima oração, conhecida por suas primeiras palavras – *Lembrai-vos* –, é comumente atribuída a São Bernardo (1090-1153), monge cisterciense, doutor da Igreja. Tornou-se uma oração muito popular no século XV. Provavelmente teve sua origem no Oriente, ao menos quanto às ideias principais.

Rosário

O Rosário é uma oração cristológica e mariana. Todos os mistérios fazem referência – direta ou indireta – a Jesus Cristo (sua glória e seu poder iluminam os dois últimos mistérios gloriosos), mas nem todos mencionam Maria. Rezar o Rosário – popularmente chamado de Terço – é meditar sobre a vida de Jesus, tendo como guia sua Mãe. É olhar os acontecimentos da História da Salvação a partir do olhar de Maria. Trata-se de uma oração repetitiva – mas não é assim a oração dos pobres e dos que têm um coração simples como o deles?

Cada dezena do Rosário nos convida a entrar em um *mistério*, isto é, em um momento da vida de Cristo. Quando meditamos sobre um mistério divino, temos consciência clara de estar diante de uma realidade maior do que nossa capacidade de compreendê-la. Debruçamo-nos sobre ele, mas sabemos estar sempre "na porta". E ficamos maravilhados ao fazer novas e importantes descobertas – por exemplo: trazendo para nosso dia a dia o que meditamos, sentimo-nos impulsionados a agir como Jesus agiu ou como agiria se estivesse em nossa situação concreta.

Os mistérios do Rosário são divididos em gozosos (marcados pela alegria e esperança), luminosos (lembram a vida pública de Jesus), dolorosos (centralizados na paixão e morte de Cristo) e gloriosos (atestam a vitória do Ressuscitado e fazem-nos participar de seus dons).

O Rosário: como rezá-lo

Começa-se o Rosário ou o Terço fazendo o *Sinal da Cruz*. Em seguida, reza-se o *Creio* (síntese das verdades que guiam nossa vida), um *Pai-Nosso*, três *Ave-Marias* (em honra da Santíssima Trindade) e o *Glória ao Pai*. Depois de cada *Glória ao Pai*, costuma-se rezar a prece ensinada por Nossa Senhora em Fátima, na segunda aparição (13.06.1917): *Ó meu Jesus, perdoai-nos, livrai-nos do fogo do inferno, levai as almas todas para o céu e socorrei principalmente as que mais precisarem.*

Tem início, então, a meditação dos mistérios. Ao se anunciar um mistério, costuma-se dizer: "No... (primeiro, ou no segundo etc.) mistério contemplamos...". Reza-se, então, um *Pai-nosso*, seguido de dez *Ave-Marias*, do *Glória ao Pai* e da oração *Ó meu Jesus*.

Depois de completar cinco dezenas de *Ave-Marias*, termina-se o Terço com a *Salve-Rainha*; ou depois de vinte dezenas, termina-se o Rosário com a mesma oração.

Mistérios da alegria (gozosos) – *(segunda-feira e sábado)*
1. A Anunciação do anjo Gabriel a Nossa Senhora (Lc 1,26-38).
2. A visita de Nossa Senhora à sua prima Isabel (Lc 1,39-56).
3. O nascimento de Jesus em Belém (Lc 2,1-20).
4. A apresentação de Jesus no Templo (Lc 2,22-38).
5. A perda e o encontro de Jesus no Templo (Lc 2,41-50).

Mistérios da luz (luminosos) – *(quinta-feira)*
1. O Batismo de Jesus no Rio Jordão (Mt 3,13-17).
2. Nas bodas de Caná, Jesus transforma água em vinho (Jo 2,1-11).
3. O anúncio do Reino de Deus e o convite à conversão (Mc 1,14-15).
4. A transfiguração de Jesus no Monte Tabor (Mc 9,2-8).
5. A instituição da Eucaristia (Mt 26,26-29).

Mistérios da dor (dolorosos) – *(terça e sexta-feira)*
1. A agonia de Jesus no Horto das Oliveiras (Lc 22,39-46).
2. A flagelação de Jesus (Mt 27,26).
3. A coroação de espinhos (Mt 27,27-31).
4. Jesus a caminho do Calvário (Lc 23,26-32).
5. A crucifixão e morte de Jesus (Lc 23,33-46).

Mistérios da glória (gloriosos) – *(quarta-feira e domingo)*
1. A ressurreição de Jesus (Lc 24).
2. A ascensão de Jesus ao céu (Lc 24,51-52).
3. A vinda do Espírito Santo (At 2,1-13).
4. A assunção de Maria ao céu (cf. Ef 1,4).
5. A coroação de Maria (cf. Ap 12,1).

ROSÁRIO: UMA COROA DE ROSAS

No dia do aniversário de sua mãe, você gosta de vê-la feliz, muito feliz. Talvez fique pensando: que presente vou lhe dar? Não sei se há algum presente que dê mais alegria às mães do que um buquê de rosas. Rosas, muitas rosas, uma coroa de rosas: isso é o *Rosário*.

O costume de rezar 150 Ave-Marias começou em mosteiros, onde os monges reuniam-se várias vezes por dia para rezar os Salmos. Acontecia, por vezes, haver no meio deles alguns analfabetos. Esses, em vez de rezar os Salmos, rezavam 150 Ave-Marias, divididas em três grupos de 50.

No século XIV, um monge cartuxo dividiu as 150 Ave-Marias em quinze dezenas. A partir do século seguinte, começou-se a meditar em cada dezena algum momento da vida de Jesus.

O Rosário com 15 mistérios foi definido pelo Papa Pio V, no ano de 1569. Rapidamente, tornou-se uma oração de todo o povo cristão. Passou a ser rezado por ricos e pobres, por gente da cidade e do campo, de todas as idades e profissões. Em 2002, com a Carta Apostólica *Rosarium Viginis Mariae*, São João Paulo II propôs a introdução de mais 5 mistérios no Rosário: os luminosos.

Muitíssimos Papas recomendaram, com belíssimas palavras, essa prece mariana. Lembremo-nos de dois: Pio XI dizia que, dentre as orações a Nossa Senhora, o Rosário ocupa o primeiro posto. Para Pio XII, "o Rosário é a síntese de todo o Evangelho, meditação dos mistérios do Senhor, hino de louvor, oração da família, compêndio da vida cristã, maneira de obter os favores celestes".

É uma oração *evangélica*: do Evangelho nascem as orações e os mistérios contemplados, que apresentam as etapas fundamentais do mistério de Cristo, vistos a partir do ponto de vista da Virgem Maria.

É uma oração *cristocêntrica*: louvando Maria, proclama-se aquele que nela fez maravilhas em vista da encarnação de seu Filho. Cristo é o centro do Rosário, pois meditamos sua encarnação, vida pública, paixão e glorificação. Maria Santíssima nos deu Jesus; no Rosário nos apresenta a vida de seu Filho.

É uma oração *eclesial*: a Igreja é a assembleia daqueles que são chamados à salvação mediante a fé em Jesus Cristo. O Rosário nos apresenta o plano de amor de Deus e solicita nossa adesão humilde e grata.

É uma oração *simples*: como tudo o que é divino, leva-nos à essência do mistério cristão. É a oração dos pobres, não só porque muito rezada por eles, mas também porque o coração humano é continuamente faminto e necessitado de Deus.

É uma oração *contemplativa*: ensina-nos a penetrar nos mistérios da vida de Cristo para que seu exemplo transforme nosso coração e nos santifique.

É uma oração *catequética*: mostra-nos como cultivar em nosso dia a dia as atitudes de Maria diante da vontade de Deus.

É uma oração que respeita o *ritmo de nossa vida*, pois também ela é marcada por momentos alegres, tristes e vitoriosos.

Enfim, é uma oração *criativa*: obriga-nos a comparar nosso agir com o de Cristo ("O que Jesus faria se estivesse aqui, em meu lugar?"), nosso pensar com o dele ("Ele admitiria esse pensamento ou desejo que estou tendo?").

Na Escola de Maria, o Rosário é uma das orações mais apreciadas. Por isso mesmo, somos convidados a rezá-lo cada dia, a rezá-lo sempre, oferecendo à Mãe de Jesus uma belíssima coroa de rosas.

UMA ESCOLA DE ORAÇÃO

"Outubro é o mês do Terço, e neste primeiro domingo é tradição recitar a Súplica a Nossa Senhora de Pompeia, à Bem-Aventurada Virgem Maria do Santo Rosário. Unamo-nos espiritualmente a este ato de confiança em nossa Mãe e recebamos das suas mãos o Rosário: o Terço é uma escola de oração, uma escola de fé!"

(Papa Francisco, *Angelus* de 06.10.13.)

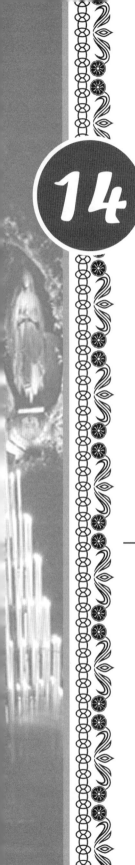

14 Um grande sinal apareceu nos céus

*"Uma mulher revestida de sol,
a lua debaixo dos seus pés e na cabeça
uma coroa de doze estrelas."*
(Ap 12,1)

As aparições na vida da Igreja

Multiplicam-se, em nosso tempo, notícias de aparições[1] de Nossa Senhora, que levantam, por sua vez, uma série de perguntas: Podem elas ocorrer? Qual deve ser a atitude dos cristãos diante de tais notícias? O que a Igreja diz a esse respeito?[2]

---

[1] As aparições se apresentam como manifestações visíveis do sobrenatural. "O Deus invisível se manifesta através de um conjunto de sinais visíveis, já que o homem não pode alcançar o invisível sem a mediação de sinais" (Laurentin). Jesus Cristo, Nossa Senhora, os anjos e os santos estão na eternidade de forma glorificada, não sujeitos às nossas limitações; nós contudo, estamos limitados pelo tempo, espaço etc. Mas, excepcionalmente, por vontade de Deus, eles podem se comunicar conosco através de algum sinal que, embora seja sempre misterioso, pode ser por nós captado. Abraão percebeu Deus nos três visitantes (cf. Gn 18, 1ss); Elias o reconheceu na leve brisa (1 Rs 19,13); já Estêvão "fitou o céu e viu a glória de Deus e Jesus de pé à direita de Deus" (At 7,55). Nossa Senhora tem sido vista com estatura, roupa e mesmo idade diferentes, conformando-se, pedagogicamente, aos videntes.

[2] "A antropologia teológica distingue (...) três formas de percepção ou "visão": a visão pelos sentidos, ou seja, a percepção externa corpórea; a percepção interior; e a visão espiritual (*visio sensibilis, imaginativa, intellectualis*). É claro que, nas visões de Lourdes, Fátima etc., não se trata da percepção externa normal dos sentidos: as imagens e as figuras vistas não se encontram fora no espaço circundante, como está, por exemplo, uma árvore ou uma casa. Isto é bem evidente, por exemplo, no caso da visão do inferno (descrita na primeira parte do "segredo" de Fátima) ou então na visão descrita na terceira parte do "segredo", mas pode-se facilmente comprovar também noutras visões, sobretudo porque não eram captadas

É preciso reconhecer, de início, que se trata de um assunto pouco estudado na Igreja e visto com ceticismo por muitos: geralmente são mal acolhidas e, normalmente, mais toleradas do que oficialmente reconhecidas.

Quanto ao reconhecimento de uma aparição, segue-se ainda hoje a orientação dada no século dezoito pelo Cardeal Prospero Lambertini, mais tarde Papa Bento XIV (1740-1758): "A autorização dada pela Igreja a uma revelação privada não é outra coisa do que o consentimento, expresso depois de acurado exame, para que essa revelação seja conhecida para edificação e proveito do fiéis". Em outras palavras:

> ... a aprovação eclesial duma revelação privada contém três elementos: que a respectiva mensagem não contém nada em contraste com a fé e os bons costumes, que é lícito torná-la pública, e que os fiéis ficam autorizados a prestar-lhe de forma prudente a sua adesão (E. Dhanis, Sguardo su Fatima e bilancio di una discussione, em: La Civiltà Cattolica, CIV [1953-II], 392-0406, especialmente 397. Texto citado pelo Cardeal Ratzinger, em seu Comentário Teológico, na última parte de: **A Mensagem de Fátima**, da Congregação para a Doutrina da Fé, 26.06.2000).

Deus se revela em Cristo

A revelação de Deus no Antigo Testamento se deu especialmente por meio de palavras. Mesmo assim, encontramos ali a descrição de acontecimentos extraordinários, tais como: teofanias, aparições de anjos e manifestações sobrenaturais.

---

por todos os presentes, mas apenas pelos "videntes". De igual modo, é claro que não se trata duma "visão" intelectual sem imagens, como acontece nos altos graus da mística. Trata-se, portanto, da categoria intermédia, a percepção interior que, para o vidente, tem uma força de presença tal que equivale à manifestação externa sensível.

Esse ver interiormente não significa que se trata de fantasia, que seria apenas uma expressão da imaginação subjetiva. Significa, antes, que a alma recebe o toque suave de algo real, mas que está para além do sensível, tornando-a capaz de ver o não sensível, o não visível aos sentidos: uma visão através dos "sentidos internos". Trata-se de verdadeiros "objetos" que tocam a alma, embora não pertençam ao mundo sensível que nos é habitual. Por isso, exige-se uma vigilância interior do coração que, na maior parte do tempo, não possuímos por causa da forte pressão das realidades externas e das imagens e preocupações que enchem a alma. A pessoa é levada para além da pura exterioridade, onde é tocada por dimensões mais profundas da realidade que se lhe tornam visíveis. Talvez assim se possa compreender por que motivo os destinatários preferidos de tais aparições sejam precisamente as crianças: a sua alma ainda está pouco alterada, e quase intacta a sua capacidade interior de percepção. Da boca dos pequeninos e das crianças de peito recebeste louvor: esta foi a resposta de Jesus – servindo-se duma frase do Salmo 8 (v.3) – à crítica dos sumos sacerdotes e anciãos, que achavam inoportuno o grito hosana das crianças (Mt 21,16)". (Cardeal Joseph Ratzinger, "A Estrutura Antropológica das Revelações Privadas, Comentário Teológico na última parte de **A Mensagem de Fátima**, da Congregação para a Doutrina da Fé, texto divulgado no dia 26.06.2000).

O Novo Testamento refere-se à aparição de anjos (cf. Mt 1,20; 2,13; Lc 1,26; 2,9); recorda visões, como as de Estêvão (At 7,56), Ananias (At 9,10), Cornélio (At 10, 3-6), Pedro em Jope (At 10,11-12) e na prisão (At 12, 7-11); e faz referências a aparições de Cristo Ressuscitado.

A fé bíblica, contudo, é essencialmente escuta (*Ouve, Israel* – Dt 6,4) e acolhida da Palavra de Deus e de seu projeto de amor. Desde que *o Verbo se fez carne e habitou entre nós* (Jo 1,14), passamos a ter em nosso meio o próprio Deus. Em Jesus, Deus nos mostrou sua face. Por isso mesmo, Filipe ouviu a observação: *Aquele que me viu viu também o Pai* (Jo 14,9). Nossa fé, portanto, não tem necessidade de aparições. Somos convidados a confiar totalmente no enviado do Pai. E, aos novos "Tomés", que continuam querendo ver para crer, Jesus repete: *Felizes aqueles que creem sem ter visto* (Jo 20,29).

Cristo se revela nos cristãos

Uma vez que a difusão do Evangelho não se dará por aparições, mas pela pregação e pelo testemunho, é essencial nossa colaboração nesse campo. Foi o que o Papa Paulo VI quis nos dizer: "Os homens poderão salvar-se por outras vias, graças à misericórdia de Deus, se nós não lhes anunciarmos o Evangelho; mas nós poderemos salvar-nos se, por negligência, medo ou vergonha (...), omitirmo-nos de anunciá-lo?" (EN 80).

Uma aparição não acrescenta nenhum dado novo à Revelação, que terminou com os apóstolos. (A teologia clássica distingue entre Revelação pública, oficial, que terminou com a morte do último apóstolo, e revelações particulares. Outros preferem distinguir entre "revelações fundadoras" e "revelações particulares".) Uma aparição apenas recorda ou atualiza, explica ou manifesta com nova intensidade o que já foi revelado. Mesmo assim, permanece a liberdade de se acreditar ou não em aparições particulares, ainda que aceitas pela Igreja. Também em relação a essas é preciso tomar alguns cuidados:

– **Não absolutizar a mensagem:** é preciso levar em conta o quadro mais amplo oferecido pela Revelação pública. A revelação particular sempre supõe a oficial. Por isso mesmo, longe de uma aparição querer dar uma resposta a todas as atividades pastorais ou a todos os problemas espirituais, quer, antes, chamar a atenção da humanidade para alguns elementos vitais particularmente urgentes e não suficientemente lembrados. Ela pode ser um válido instrumento para despertar corações adormecidos, para infundir esperança aos desanimados ou para fazer nascer um sentido mais vivo de Deus, de Maria Santíssima, da eternidade ou dos compromissos cristãos.

– **Não isolar alguns elementos das aparições** (ameaças, previsão de catástrofes, segredos etc.), já que tal comportamento, além de não levar em conta o essencial da mensagem, que só se obtém com uma visão global, consegue apenas criar um clima de medo – e o medo não é evangélico. Também

Jesus fala em juízo e em inferno, em conversão e em cruz, mas lembrou-nos de que Deus é justo e é Pai, sempre pronto a acolher os filhos pródigos que voltam para seus braços. O castigo é a última consequência da não aceitação obstinada de seu amor.

Critérios para o discernimento

O Magistério da Igreja, a quem cabe pronunciar-se sobre a autenticidade de uma aparição, quando colocado diante de fenômenos sérios e necessitados de uma palavra sua, pergunta-se: 1°) Os videntes são pessoas psiquicamente equilibradas? 2°) O conteúdo das mensagens corresponde à Revelação oficial da Igreja? 3°) Os frutos são bons? 4°) Há milagres comprovando os acontecimentos?

O pronunciamento final, contudo, é sempre demorado. A paciência e a prudência, nesse campo, são fundamentais.

Além de não procurar antecipar-se ao posicionamento da Igreja, cabe ao cristão evitar a busca doentia do maravilhoso. Assim, se de um lado ele não põe limites à ação de Deus (*A Deus nenhuma coisa é impossível* – Lc 1,37), de outro, não corre atrás da notícia de qualquer sinal extraordinário, já que tal atitude, longe de levar à conversão do coração, facilmente levaria à superficialidade.

O discípulo de Jesus de Nazaré procura estar aberto ao Evangelho, atento a seus apelos de conversão (*Fazei penitência e crede no Evangelho!* – Mc 1,15), de oração (*é preciso rezar constantemente e não desanimar* – cf. Lc 18,1), de amor à cruz (*Quem não toma a sua cruz e não me segue não é digno de mim* – Mt 10,38), de amor ao próximo (*Amai-vos uns aos outros, como eu vos amo* – Jo 15,12), de confiança (*Não vos aflijais... Buscai primeiro o Reino de Deus e a sua justiça...* – Mt 6,31 e 33) etc. No mais, guia-se pela orientação do apóstolo Paulo: *Examinai tudo: abraçai o que é bom* (1Ts 5,21).

Escutai-o!

Depois de ter, *muitas vezes e de muitos modos, falado outrora aos pais, nos profetas, Deus, no período final em que estamos, falou-nos a nós num Filho* (Hb 1,1-2). Por essas palavras, o Apóstolo dá a entender que Deus emudeceu, por assim dizer, e nada mais tem a falar, pois o que antes dizia em parte aos profetas, agora nos revelou no todo, dando-nos o Tudo, que é o seu Filho. Se agora, portanto, alguém quisesse interrogar a Deus, ou pedir-lhe alguma visão ou revelação, far-lhe-ia injúria não pondo os olhos totalmente em Cristo (...). O Senhor poderia responder-lhe deste modo: *Eis o meu Filho muito amado, em quem pus toda minha afeição; ouvi-o (Mt 17,5).* "Já te disse todas as coisas em minha Palavra. Põe os olhos unicamente nele, pois nele tudo disse e revelei, e encontrarás ainda mais do que pedes e desejas."

(São João da Cruz, "A subida do Monte Carmelo",
Lib. 2, cap. 22 – citado na Liturgia das Horas, Vol I, 2ª feira da 2ª semana do Advento.
Cf. **Catecismo da Igreja Católica**, n. 65.)

Lourdes (França): Um recado que se renova

Senhor, aquele que tu amas está enfermo (Jo 11,3). Foi esse o recado que Marta e Maria mandaram a Jesus, quando o irmão Lázaro ficou doente em Betânia. No Santuário de Lourdes, dito pausadamente pelo sacerdote que presidia a procissão dos doentes, esse recado era revestido de uma novidade surpreendente: não era apenas *um* amigo de Jesus que estava doente, mas centenas, que ali estavam graças ao carinho de outras "Martas" e "Marias", de muitos "Cireneus", que empurravam suas cadeiras de rodas. Pouco a pouco, a imensa praça diante do Santuário ia sendo ocupada, sendo deixado conveniente espaço para a passagem do Santíssimo Sacramento que abençoaria os doentes.

Senhor, aquele que tu amas está enfermo. Era um lembrete repetido insistentemente a Jesus. Era também uma maneira de reforçar uma certeza no coração dos doentes vindos de vários países: eles não estavam sozinhos, nem estavam acompanhados apenas pelos voluntários que os carregavam. Junto deles, participando de seus sofrimentos, acompanhando-os em sua dor, sofrendo neles e, acima de tudo, oferecendo-os ao Pai, estava Jesus. *Também* esse acontecimento acabaria sendo para a glória da Santíssima Trindade (cf. Jo 11,4).

Talvez alguns deles voltassem para casa curados. A maioria voltaria, certamente, renovada em sua fé, fortalecida em sua esperança e com uma nova capacidade de viver, no amor, sua participação nos sofrimentos de Cristo. Não havia sido esse o testemunho dado por Paulo aos colossenses? "Agora me alegro nos sofrimentos suportados por vós. O que falta às tribulações de Cristo completo na minha carne, por seu corpo que *é* a Igreja" (Cl 1,24).

Senhor, aquele que tu amas está enfermo. Poderiam ser lembrados também outros doentes, que haviam se dirigido a Lourdes em busca de uma cura para o coração, de uma graça para sua família e de paz para o mundo. Também esses voltariam renovados para sua casa.

Ali, naquele Santuário, não eram mais Marta e Maria de Betânia que renovavam o recado ao Mestre da Galileia. Era uma outra Maria que o fazia – aquela que, desde os primeiros anos de vida, Jesus aprendera a chamar de "Mãe".

Desde que Bernadete Soubirous a viu, em 11 de fevereiro de 1858, na gruta de Massabielle, Lourdes transformou-se, passando a ter as dimensões do mundo. Que o diga a procissão das velas, à noite, quando o Terço é rezado em inúmeras línguas, formando uma unidade maravilhosa.

À pequena Bernadete, de 14 anos e apenas um metro e quarenta de altura, Nossa Senhora expressou um desejo ("Podes ter a gentileza de vir aqui por quinze dias?"), fez uma promessa ("Não prometo tornar-te feliz neste mundo, mas no outro!") e um pedido ("Penitência! Reza pela conversão dos pecadores!"), deu uma ordem ("Vai beber da água da fonte e lavar-te nela!"), insistiu num projeto ("Vai dizer aos sacerdotes que venham aqui em procissão e construam uma capela!") e, finalmente, na última aparição, a 16ª, no dia 25 de março, solenidade da Anunciação, revelou-se: "Eu sou a Imaculada Conceição!". Era um alívio para a jovem vidente: finalmente podia satisfazer o desejo de seu pároco, que insistia em saber o nome daquela a quem ela chamava de "Aqueró" que, no dialeto da região, significava "Aquilo".

Na verdade, a afirmação ouvida – "Eu sou a Imaculada Conceição" – decepcionou Bernadete: "Mas então você não é a Virgem Maria?" Cheia de tristeza, viu a Senhora desaparecer. Foi então falar ao Pe. Peyramale que não era Maria que ela via, mas "a Imaculada Conceição". O sacerdote estremeceu. Afinal, aquela menina semianalfabeta não podia mesmo conhecer a profundidade da expressão ouvida, nem saber que, quatro anos antes (08.12.1854), Pio IX declarara o dogma da Imaculada Conceição.

Ir a Lourdes é uma graça, pois é responder ao convite de Maria: "Podes ter a gentileza de vir aqui?..."; trazer Lourdes para perto de si é uma possibilidade: basta dirigir a si próprio e colocar em prática os pedidos da Imaculada Conceição a Bernadete.

Fátima (Portugal): a experiência do Evangelho

A presença de Maria na obra da Igreja tem muitas formas de expressão. Talvez nenhuma dessas expressões tenha maior impacto na vida dos fiéis do que aquela que se verifica nos santuários marianos espalhados pelo mundo. Maria atrai multidões de filhos que, uma vez nesses santuários, acabam se encontrando em torno do altar, na participação da Eucaristia. O raio de influência desses locais ultrapassa tudo o que se pode imaginar: renovados em sua fé, alguns, convertidos, muitos outros, os peregrinos passam a ter novas histórias para contar. E quando essas histórias falam de Fátima, são particularmente encantadoras.

Pode-se dizer que lá tudo começou em 13 de maio de 1917. Os protagonistas dos fatos são o que se poderia chamar de anti-heróis: o que se poderia esperar de pequenos pastores – Lúcia, de 10 anos, Francisco, de 9, e Jacinta, de 7? O cenário não ajuda: interior de Portugal, numa desconhecida vila chamada Fátima; nem o que fazem: deixam as ovelhas por uns momentos, para rezar o Terço.

Uma luz brilhante, de repente, começou a mudar suas vidas. Conheciam os problemas que as tempestades podiam trazer; por isso, decidiram ir embora. Mas não era tempestade: em cima de uma azinheira, viram uma "Senhora mais brilhante que o sol". Também ela tinha um Terço na mão.

Ouviram um convite que os deixou surpresos: rezar muito e voltar àquele lugar durante os próximos cinco meses, sempre no dia 13, e àquela hora. "Depois lhes direi quem sou e o que quero." Na última vez – a 13 de outubro – a mulher apresentou-se: era a "Senhora do Rosário". Queria que ali fosse construída uma capela. Em seguida, as setenta mil pessoas ali presentes puderam testemunhar o cumprimento do milagre que havia sido prometido: o sol, assemelhando-se a um disco de prata, girava sobre si mesmo como uma bola de fogo, parecendo cair sobre a terra. A partir daí, Fátima não seria mais a mesma: anualmente, milhões de pessoas passariam a procurá-la. Em busca de quê?

Os peregrinos de Fátima buscam ouvir, como que dirigida a si próprios, a mensagem: "Rezem o Terço todos os dias, para alcançar a paz para o mundo... Façam sacrifícios pelos pecadores, pois muitas almas vão para o inferno por não haver quem se sacrifique e peça por elas... Não ofendam mais a Nosso Senhor, que já está muito ofendido..."

Os peregrinos vão a Fátima para rezar. Muitos, antes, fugiam da oração, cansados. Ali descobriram que o que realmente cansa não é rezar, mas resistir a Deus. Rezando, perceberam que o Senhor não lhes pede coisas, nem o tempo, mas *tudo*, porque tudo é dele.

Muitos chegam a pé, depois de imensos sacrifícios. Aprendem que, para Deus, o importante não é o que se faz, mas como se faz. Nesse sentido, a vida de Maria – dom contínuo ao Senhor – passa a ser um estímulo para eles.

Os que têm a graça de participar da vigília de um dia 13 – e falar desse dia, em Fátima, é referir-se, obrigatoriamente, a um dia 13 compreendido entre maio e outubro – jamais se esquecem da procissão luminosa, acompanhada do "Ave, Ave, Ave, Maria"; ou da celebração eucarística em frente ao Santuário; ou do momento da despedida, quando a imagem volta à Capela das Aparições; ou...

Fazer a experiência de Fátima é entrar no coração do Evangelho. Tendo Maria convivido com Jesus durante trinta anos, tendo ouvido suas pregações e participado de perto de sua paixão, poderia ser diferente sua mensagem ali, onde apareceu a três pequenos pastores?...

O "SEGREDO" DE FÁTIMA

Um "segredo". "Por que o Papa não revela ao mundo o terceiro segredo de Fátima?" Durante várias décadas, essa pergunta apareceu em livros, foi repetida em conversas informais e tornou-se tema de palestras e debates. Revistas de circulação semanal "transcreviam" periodicamente esse segredo, "obtido de forma exclusiva e de fontes seguras". Diferiam os textos, mas todos tinham as mesmas características: eram marcados pelo sensacionalismo, pelo conteúdo ameaçador e o anúncio de catástrofes. Havia outra característica comum: todos eram falsos.

É preciso, antes de tudo, fazer uma ressalva: nunca existiu um "terceiro segredo de Fátima", mas um "segredo", em três partes, dado por ocasião da terceira aparição (13.07.1917). As duas primeiras partes, conhecidas há muito tempo, descrevem: (1) a visão que Lúcia, Francisco e Jacinta tiveram do inferno, e que os deixou muito impressionados; (2) o anúncio da explosão de uma nova guerra mundial, que seria pior do que aquela que o mundo estava vivendo naquele momento (1917: Primeira Guerra Mundial), se os homens "não deixarem de ofender a Deus", e o anúncio do domínio que a Rússia teria sobre grande parte do mundo, espalhando seus erros, promovendo guerras e perseguições à Igreja: "Os bons serão martirizados; o Santo Padre terá muito que sofrer; várias nações serão aniquiladas... Por fim, meu Imaculado Coração triunfará!"

Em 1944, Lúcia colocou a terceira parte do "segredo" por escrito, salientando que não deveria ser divulgada antes de 1960. Seu manuscrito foi colocado num envelope e entregue ao Bispo de Leiria. Em 1957, foi levado para o Vaticano, onde passou a ser guardado. Até sua divulgação, somente os Papas João XXIII, Paulo VI e João Paulo II e alguns poucos bispos tiveram acesso a seu conteúdo.

Maria conduz ao essencial. Dia 13.05.67, o Bem-aventurado Paulo VI esteve em Fátima, onde, perante um milhão de fiéis, exortou a não esperarem revelações sensacionais, porque "já foi proclamado tudo o que serve à nossa vida e à nossa paz".

Dia 13.10.96, em Fátima, o Cardeal Joseph Ratzinger, Prefeito da Congregação para a Doutrina da Fé, disse numa entrevista à Rádio Renascença: "Nossa Senhora não aparece a crianças e a pequenos, aos simples e desconhecidos no mundo para causar sensação. Veio, sim, para chamar a atenção, por meio desses simples, para o essencial: a conversão, a oração, a fé e os sacramentos (...). Estejam tranquilos: Nossa Senhora não é sensacionalista, não provoca medos, não faz previsões apocalípticas, mas conduz ao Filho e, assim, ao essencial".

A revelação da terceira parte do segredo. No dia 13 de maio de 2000, João Paulo II esteve em Fátima, para beatificar os pastorinhos Francisco e Jacinta. Ao final da santa Missa, a pedido do Papa, o Cardeal Ângelo Sodano, Secretário de Estado, revelou a terceira parte do segredo de Fátima: "A visão de Fátima refere-se sobretudo à luta dos sistemas ateus contra a Igreja e os cristãos e descreve o sofrimento imane das testemunhas da fé do último século do segundo milênio. É uma *Via-Sacra* sem-fim, guiada pelos Papas do século vinte. Segundo a interpretação dos pastorinhos, interpretação confirmada pela Irmã Lúcia, o "Bispo vestido de branco" que reza por todos os fiéis é o Papa. Também ele, caminhando penosamente para a Cruz por entre os cadáveres dos martirizados (bispos, sacerdotes, religiosos, religiosas e várias pessoas seculares), cai por terra como morto sob os tiros de uma arma de fogo. Depois do atentado de 13 de maio de 1981, pareceu claramente à Sua Santidade que foi *uma mão materna a guiar a trajetória da bala,* permitindo que *o Papa agonizante se detivesse no limiar da morte".*

A mensagem de Fátima continua atual. Terminavam, naquele momento, as especulações em torno do segredo de Fátima. Impunha-se a verdade: Nossa Senhora havia predito o martírio, ao longo do século vinte, de muitos filhos da Igreja, e os sofrimentos por que passariam os Papas. Segundo o Cardeal Sodano: "Depois, os acontecimentos de 1989 levaram, quer na União Soviética, quer em numerosos Países do Leste, à queda do regime comunista, que propugnava o ateísmo. O Sumo Pontífice agradece do fundo do coração à Virgem Santíssima também por isso. Mas, noutras partes do mundo, os ataques contra a Igreja e os cristãos, com a carga de sofrimento que eles provocam, infelizmente não cessaram. Embora os acontecimentos a que faz referência a terceira parte do "segredo" de Fátima pareçam pertencer já ao passado, o apelo à conversão e à penitência, manifestado por Nossa Senhora ao início do século vinte, conserva ainda hoje uma estimulante atualidade. (...) O convite insistente de Maria Santíssima à penitência não é senão a manifestação da sua solicitude materna pelos destinos da família humana, necessitada de conversão e de perdão".

Um texto para estudo. No final de suas observações, o Cardeal Sodano adiantou: "Para consentir que os fiéis recebam melhor a mensagem da Virgem de Fátima, o Papa confiou à Congregação para a Doutrina da Fé o encargo de tornar pública a terceira parte do segredo". A 26.06.00, essa Congregação divulgou um texto intitulado: "A Mensagem de Fátima", constando de (1) uma apresentação, (2) uma explicação sobre o "segredo" de Fátima, (3) uma interpretação desse *segredo*", (4) o comentário que o Cardeal Sodano fez em Fátima, a 13.05.00, e (5) um comentário teológico assinado pelo Prefeito da Congregação para a Doutrina da Fé, Cardeal Joseph Ratzinger. Esse comentário – profundo, objetivo e numa linguagem acessível a todos os fiéis – passa a ser, sem dúvida alguma, ponto de referência obrigatório em todo e qualquer estudo a respeito de revelações privadas.

AS LÁGRIMAS DE NOSSA SENHORA

As narrações evangélicas nunca recordam as lágrimas de Nossa Senhora. Não ouvimos seu gemido nem na noite de Belém, quando tinha chegado o tempo de dar à luz o Filho de Deus, nem sequer no Gólgota, quando estava aos pés da cruz. Não nos é dado conhecer sequer as suas lágrimas de alegria, quando Cristo ressuscitou.

Ainda que a Sagrada Escritura não se refira a esse fato, fala, contudo, em favor disso, a intuição da fé. Maria, que chora de tristeza ou de alegria, é a expressão da Igreja, que se alegra na noite de Natal, sofre na Sexta-Feira Santa aos pés da cruz e de novo se rejubila na aurora da Ressurreição. (...)

As lágrimas de Maria manifestam-se nas aparições com que ela, de tempos em tempos, acompanha a Igreja no seu caminho pelas estradas do mundo. Maria chora em La Salette [França], em meados do século passado (...). Chora aqui em Siracusa [Itália], na conclusão da Segunda Guerra Mundial. (...)

As lágrimas de Maria são lágrimas de tristeza por todos os que rejeitam o amor de Deus, pelas famílias desagregadas ou em dificuldade, pela juventude insidiada pela civilização consumista e muitas vezes desorientada, pela violência que tanto sangue ainda faz correr, pelas incompreensões e os ódios que cavam fossos profundos entre os homens e os povos.

São lágrimas de oração: oração da Mãe que dá força a qualquer outra prece, e se ergue suplicante também por aqueles que não oram, porque estão distraídos por mil outros interesses, ou porque, obstinadamente, fechados aos apelos de Deus.

São lágrimas de esperança, que desfazem a dureza dos corações e os abrem ao encontro com Cristo Redentor, fonte de luz e de paz para os indivíduos, as famílias e a sociedade inteira.

Nossa Senhora das Lágrimas, olha com bondade materna para o sofrimento do mundo! Enxuga as lágrimas dos que sofrem, dos esquecidos, dos desesperados, das vítimas de toda violência.

Obtém para todos lágrimas de arrependimento e de vida nova, que abram os corações ao dom regenerador do amor de Deus. Obtém para todos lágrimas de alegria, depois de terem visto a profunda ternura do teu coração.

(São João Paulo II, 06.11.94 –
Santuário de Nossa Senhora das Lágrimas, Siracusa.)

15 Guadalupe (México): a Mãe Latino-americana

*"Darei às gentes
todo o meu amor,
minha compaixão,
minha ajuda e minha defesa."*

"Ouve, filho meu!"

A história da América Latina está profundamente marcada, desde seu início, pela presença materna e carinhosa da Mãe de Jesus. Aparecendo a João Diego, no México, em dezembro de 1531, Maria Santíssima quis deixar claro que tinha um amor de predileção por este continente e seu povo. *"Ouve, filho meu... sou a sempre Virgem, Santa Maria, Mãe do Deus da Grande Verdade... Sou a Mãe da Misericórdia, tua e de todas as nações que vivem nesta terra..."* Se é comovente a simplicidade com que Maria se dirige a um de seus filhos *mais desamparados* e, justamente por isso, dos mais queridos, não menos tocante é a humildade do índio João Diego, que a chama de *Senhora, menorzinha de minhas filhas, minha menina.* As etapas dessas aparições estão muito bem documentadas por um escritor indígena do século dezesseis, Antônio Valeriano, no livro "Nicán Mopohua" (= "Aqui se narra").

A Virgem de Guadalupe "pode ser chamada, com todo o direito, a *primeira Evangelizadora da América*" (São João

Paulo II, 6.05.90). Ela, de rosto mestiço, escolheu um indígena asteca para evangelizar nosso continente. Falou em *náhuatl*, língua de João Diego, e, para referir-se aos atributos de Deus, utilizou-se de expressões da cultura religiosa local. Os índios sentiram-se acolhidos, valorizados e amados por mãe tão atenta que, além de não ter desprezado seus símbolos, utilizou-se deles para transmitir as mensagens do céu. Era uma experiência muito diferente daquela que faziam com os dominadores, que não tinham consideração ou respeito por sua cultura.

As aparições de Guadalupe são uma mensagem de esperança e um convite à conversão ao Deus verdadeiro. Maria é a mãe misericordiosa, que apresenta seus filhos a Jesus. Ensina-lhes que a mensagem cristã é dirigida a todos, sem exclusão de ninguém. Escolhendo um pobre para manifestar-se, deixa clara a preferência de Deus pelos mais necessitados. Ensina-nos também que a pobreza evangélica exige uma total aceitação do plano de Deus, uma ilimitada confiança em sua palavra e uma generosa disponibilidade.

"Mostrarei meu amor"

Maria Santíssima pediu a construção de uma igreja, como sinal constante de sua presença, e para revelar ao mundo a imensa bondade de Deus. Sucessivas construções foram levantadas no local das aparições, símbolos da igreja viva que ela mesma foi construindo ao redor de seu Filho. Os peregrinos que acorrem à sua Basílica no México ou a uma das muitas igrejas, que lhe foram dedicadas no mundo todo, testemunham a realização de sua promessa: *Nela mostrarei e darei às gentes todo o meu amor, minha compaixão, minha ajuda e minha defesa...Aí hei de ouvir seus lamentos e prover remédio e curar todas as suas misérias, penas e dores.*

João Diego foi um profeta, um servo fiel e obediente. Cumpriu sua missão não apenas junto ao bispo, mas também junto aos peregrinos que passaram a visitar a pequena capela onde foi colocada a *tilma* com a imagem não pintada por mãos humanas. A imagem da Virgem, cercada de símbolos que muito dizem ao povo asteca, passou a ser um catecismo permanentemente aberto, a lhe ensinar que ela é, acima de tudo, sua mãe e que, por isso mesmo, está sempre sob sua proteção. O que temer se ela o envolve com seu manto e o conduz a Jesus?

Por tudo isso, é fácil compreender o incentivo que vinte e cinco papas deram à devoção a Nossa Senhora de Guadalupe. Um deles, São Pio X, proclamou-a em 1910, Padroeira da América Latina. Nós, que somos filhos do Continente que teve o privilégio de ser visitado por tão delicada mãe, sentimo-nos alegremente obrigados a apresentar ao Pai nosso mais belo louvor. Por que não utilizar, para isso, as palavras que ela própria elevou aos céus, inspirada pelo Espírito Santo? *A minh'alma engrandece ao Senhor, e se alegrou o meu espírito em Deus, meu Salvador...* (Lc 1,46-55).

Histórico das aparições

1ª aparição

Dia 9 de dezembro de 1531, sábado, de madrugada, na cidade do México, João Diego, indígena recentemente batizado, saiu de sua casa para participar da catequese, numa igreja a uns doze quilômetros de onde morava.

Ao passar junto à colina de Tepeyac, ouviu o canto de pássaros, vindo do alto do morro. Começou a se perguntar: *Sou digno daquilo que estou ouvindo? Talvez esteja sonhando. Será que me acordei? Onde estou? Será que estou no céu?* Enquanto olhava ao redor, cessou, de repente, o canto, e ouviu uma voz vinda do alto, chamando-o pelo nome: *Joãozinho! Joãozinho!* Olhando para o local viu uma linda senhora, que o convidou a se aproximar. Estando diante dela, ficou maravilhado com sua beleza. Sua veste brilhava. Ela lhe perguntou: *Joãozinho, o menor dos meus filhos, aonde vais?* Surpreso, João Diego respondeu-lhe: *Minha senhora e minha menina, devo ir à vossa casa, no México, para continuar o estudo dos divinos mistérios com vossos sacerdotes...* Então a senhora se apresentou: *Fica sabendo, tu que és o menor de meus filhos, que sou a sempre Virgem Maria, Mãe do Verbo de Deus.*

A bela senhora disse-lhe, em língua nativa, que queria que ele transmitisse ao bispo seu desejo de que ali fosse construída uma igreja. Prometeu fazê-lo feliz e recompensá-lo por este trabalho e pelo sofrimento que essa missão lhe daria. Ele inclinou-se profundamente e exclamou: *Minha senhora, irei imediatamente cumprir vossa ordem.*

João Diego dirigiu-se ao palácio episcopal e, tímido, transmitiu ao bispo, Dom João de Zumárraga, a mensagem que recebera. A reação do bispo foi de incredulidade, deixando no indígena a certeza de que fracassara em sua missão.

2ª aparição

Na tarde do mesmo dia 9, João Diego regressou à colina e encontrou a senhora que o esperava. Contou-lhe o resultado de sua tentativa: disse que o bispo o escutara muito gentilmente, mas não lhe dera crédito. E, com toda a humildade, pediu à Virgem que escolhesse outro mensageiro, mais preparado e importante do que ele.

A senhora respondeu-lhe que não lhe faltariam pessoas estudadas e bem conhecidas na sociedade, que teriam prazer de servi-la, mas ele é que fora escolhido para essa missão. Pediu-lhe, então, que, em seu nome, voltasse a falar com o bispo no dia seguinte.

No domingo de manhã, 10 de dezembro, João Diego procurou novamente o bispo. Assistiu à missa, esperou muito e, finalmente, conseguiu a audiência. Ajoelhando-se em lágrimas, repetiu-lhe a ordem da senhora do céu e suplicou-lhe que atendesse seu pedido. O bispo solicitou-lhe, então, um sinal que confirmasse a verdade de suas palavras.

3ª aparição

Ainda no dia 10, à tarde, João Diego deu à senhora a resposta do bispo. Ela pediu-lhe que regressasse no dia seguinte, quando daria o sinal que o bispo havia solicitado.

Na segunda-feira, contudo, João Diego não se apresentou ao encontro marcado porque, na noite anterior, ao chegar a casa, encontrara seu tio, João Bernardino, gravemente enfermo. Assim, passou o dia 11 à procura de um médico, que não conseguiu curar seu tio. Este, consciente de que chegara sua hora, pediu-lhe que lhe levasse um sacerdote, pois queria morrer bem preparado.

4ª aparição

Na terça-feira, 12 de dezembro, bem cedo, João Diego foi atrás de um sacerdote. Com medo de que a bela senhora o visse, desviou-se da colina onde costumava vê-la. Seguia apressado por um atalho, quando ouviu a voz que já lhe era bem conhecida, perguntando-lhe: *Que houve, meu pequeno? Para onde estás indo?*

Envergonhado, desculpou-se, falando-lhe do tio doente. Acrescentou que, mais tarde, atenderia o seu pedido. A senhora respondeu-lhe: *Escuta e compreende bem, meu filho, o menor de todos. Nada deve perturbar o teu coração. Não te preocupes com essa doença nem com alguma outra desgraça. Não estou aqui eu que sou tua mãe? Não estás sob a proteção de minha sombra? (...) De que tens necessidade? Não fiques mais preocupado e aflito, nem mesmo com a doença de teu tio, porque ele não morrerá agora. Fica certo de que neste momento será curado.* A bondosa senhora ordenou-lhe, então, que subisse ao alto da elevação e colhesse todas as rosas que pudesse, colocando-as em sua capa (= *tilma)*. Deveria levá-las e mostrá-las ao bispo.

João Diego obedeceu-lhe. Chegando ao palácio episcopal, depois de longa espera, conseguiu encontrar-se com o bispo. Repetiu-lhe a mensagem da senhora e desdobrou seu manto perante ele e um grupo de pessoas. As rosas caíram no chão e todos puderam ver, pintada na capa, a imagem da Virgem Maria.

Admirado com o prodígio das rosas frescas, em pleno inverno, e emocionado ao contemplar a maravilhosa imagem, Dom Zumárraga caiu de joelhos e beijou a borda daquele tosco pano, feito de fibra vegetal. Em seguida, retirando a capa do índio, levou-a para sua capela e, no dia seguinte, pediu a João Diego que lhe mostrasse o local da aparição.

5ª aparição

Ao voltar para casa, o indígena encontrou seu tio completamente curado. Disse ao sobrinho ter sido visitado por uma senhora muito bela, que lhe falara com carinho e dissera-lhe seu nome: *"A sempre virgem Santa Maria de Guadalupe"*[1].

A TILMA E OS OLHOS

Algumas curiosidades envolvem a capa – *tilma* (tem 168 x 105cm; a pintura: 143 x 55cm) – de João Diego, onde ficou impressa a figura de Nossa Senhora de Guadalupe:

1ª O tecido é fraco, feito de uma fibra vegetal que, normalmente, resiste somente vinte anos. Essa capa ficou exposta ao longo dos séculos em lugares abertos, foi levada em procissão, ficou em diferentes igrejas e tem resistido a tudo por quase cinco séculos.

2ª Foram feitos estudos sobre a pintura, para descobrir a composição química da tinta. Não se chegou, ainda, a uma definição quanto a isso.

3ª Há mais de cinquenta anos estão sendo estudados os olhos da Virgem. Quase fechados, reproduzem o momento em que João Diego abriu o manto diante do bispo. Nesses olhos estão impressos o pátio da residência episcopal, o bispo, João Diego e mais dez pessoas, algumas das quais, sentadas.

---

[1] N.B.: Em vez de "Guadalupe", ela deve ter dito: *Tequantlanoupeuh*, isto é, "que teve origem no cume das pedreiras", *Tlecuauhtlacupeuh*, "a que vem voando da Luz como a Águia de Foto" ou *Coatlaxopeuh*, "eu pisoteei a serpente de pedra". Uma dessas palavras, repetida por João Bernardino em dialeto indígena, deve ter soado aos ouvidos dos espanhóis como "Guadalupe", uma vez que, na Espanha, Nossa Senhora já era invocada com esse título.

Papa Francisco no Santuário de Guadalupe

Maria nos diz que tem a "honra" de ser nossa mãe. Isso nos dá a certeza de que as lágrimas daqueles que sofrem não são estéreis. São uma oração silenciosa que sobe ao céu e que, em Maria, encontra sempre um lugar sob o seu manto. Nela e com ela, Deus se faz irmão e companheiro de estrada, carrega conosco as cruzes para não deixar nossas dores nos esmagarem.

Porventura, não sou eu tua mãe? Não estou eu aqui? Não te deixes vencer pelas tuas dores, pelas tuas tristezas, diz-nos ela. Hoje, ela volta a nos enviar João Diego; hoje ela repete para nós: Sê o meu mensageiro, sê o meu enviado, para construir muitos santuários novos, acompanhar tantas vidas, consolar tantas lágrimas. Basta que caminhes pelas estradas do teu bairro, de tua comunidade, de tua paróquia como meu mensageiro, minha mensageira; levanta santuários compartilhando a alegria de saber que não estamos sozinhos, que ela está conosco. Sê o meu mensageiro, diz-nos, dando de comer aos famintos, de beber aos sedentos; oferece um lugar aos necessitados, veste os nus e visita os doentes. Socorre os prisioneiros, não os deixes sozinhos, perdoa a quem te fez mal, consola quem está triste, tem paciência com os outros e, sobretudo, implora e invoca o nosso Deus. E, no silêncio, diga a Maria o que vier em teu coração.

Porventura, não sou eu a tua mãe? Porventura não estou eu aqui?, diz-nos, novamente, Maria. Vai construir o meu santuário, ajuda-me a erguer a vida de meus filhos, que são teus irmãos.

(Papa Francisco, Santuário de Guadalupe, 13.02.2016.)

16 Aparecida: a Mãe de um povo

*Viva a Virgem Imaculada,
a Senhora Aparecida!*

Um canto

Viva a Mãe de Deus e nossa, sem pecado concebida! Viva a Virgem Imaculada, a Senhora Aparecida! Quantas vezes, cada dia, esse canto eleva-se aos céus, em grandes igrejas, em pequenas grutas e em humildes casas de nosso povo? Na simplicidade de suas palavras, é uma saudação, uma invocação de filial confiança na Mãe de Deus. Agora, em nenhum outro lugar esse canto tem tanta força e sentido como na Basílica de Aparecida. Quando o romeiro entra naquela casa de Maria, ouve esse canto e passa a cantá-lo também, esquece-se da longa viagem, do cansaço e do sono, e diz para si mesmo: "Que bom que eu vim! Valeu!"

Viva a Virgem Imaculada, a Senhora Aparecida! Poucos santuários marianos têm uma história tão simples como o de Aparecida. Em 1717, três pescadores – Felipe Pedroso, Domingos Martins Garcia e João Alves – lançavam as redes nas águas do Rio Paraíba. De repente, encontraram um corpo e, depois, a cabeça de uma pequena imagem de cerâmica enegrecida pelo lodo. Seguiu-se uma pesca abundante e, mais importante: começou, naquela região, um culto popular a Nossa Senhora da Conceição. No início, os encontros de oração eram nas próprias casas; depois, em pequenas capelinhas; com o tempo foram sendo construídas igrejas cada vez maiores. Multiplicaram-se as graças, aumentou sempre mais o número de romarias, e a imagem passou a ser chamada carinhosamente de "Aparecida".

Uma multidão

Milhões de pessoas vão, cada ano, a Aparecida. Em 1980, a Basílica recebeu um peregrino especial: São João Paulo II. E ali o Papa fez duas perguntas: "O que buscavam os antigos romeiros? O que buscam os peregrinos de hoje?" Ele mesmo respondeu:

> "Aquilo mesmo que buscavam no dia do Batismo: a fé e os meios de alimentá-la. Buscam os sacramentos da Igreja, sobretudo a reconciliação com Deus e o alimento eucarístico. E voltam revigorados e agradecidos à Senhora, Mãe de Deus e nossa" (04.07.80).

Quem melhor pode falar de Aparecida são os peregrinos. Mas, esteja atento: se você fosse repórter de um jornal, de uma emissora de rádio ou de televisão, e o destacassem para ir a Aparecida a fim de entrevistá-los, talvez encerrasse seu trabalho antes do tempo, decepcionado. Normalmente, os romeiros não conseguem expressar os sentimentos que dominam seu coração; não sabem externar, em palavras, sua alegria e as decisões que tomaram. Mas, se prestar atenção a seu olhar, se estiver atento à sua oração, você tomará consciência de que está diante de um mistério. O mistério de um coração que se volta para Cristo sob a orientação de Maria. Em Aparecida, portanto, não perca de vista os sinais. Foi por eles que Deus começou falando; é por meio deles que continua revelando o que só os olhos da fé são capazes de ver.

Um sinal

Tudo começou nas águas de um rio – o Rio Paraíba. Na primeira página da Bíblia, lemos que *o Espírito de Deus pairava sobre as águas.* Para o povo de Deus, água lembrava libertação, vida, salvação. Para nós, água lembra batismo, purificação, renovação. Cristo falou à samaritana que tinha uma água viva, a única que seria capaz de saciar sua sede. Quantos, em Aparecida, encontraram essa água que é Cristo, e a encontraram conduzidos pelas mãos de Maria! Quantos ali saciam sua sede de verdade e vida! Quantos se renovam e voltam com nova disposição para sua casa e seus compromissos.

Quem encontrou a imagem foi os pescadores, vale dizer, trabalhadores, homens de coração simples e fé profunda. Por quinze anos, a imagem ficou na casa de um deles – Felipe Pedroso –, onde foi colocada num altar. As preferências de Maria são as mesmas de seu Filho: os pequenos, os humildes e os fracos... Deus continua manifestando suas maravilhas aos que têm um coração de criança.

Primeiro foi encontrado o corpo; depois, a cabeça. Na perseverança dos pescadores, vejo um ensinamento para nós: a necessidade de nunca desanimar na busca dos dons de Deus. Nem sempre ele nos dá seus dons imediatamente, ou todos de uma vez. É preciso buscá-los e continuar na busca.

A imagem enegrecida parece lembrar a cor de grande parte de nosso povo. Maria deu ao mundo o Libertador e apareceu negra a um povo que submetia irmãos seus, vindos da longínqua África, como escravos. Como mãe de todos os povos e de todas as raças, não pode aceitar as injustiças feitas àqueles pelos quais seu Filho Jesus deu a vida. Mais: identifica-se com os que são explorados para mostrar-lhes o quanto lhes está próxima.

Uma intercessora

Tempos atrás, alguém quebrou a imagem, pensando, assim, destruir o culto mariano. No meio de mil fragmentos foram encontradas, intactas, as duas mãos de Maria, unidas em oração. "O fato vale como um símbolo: as mãos postas de Maria no meio das ruínas são um convite para seus filhos darem espaço em suas vidas à oração, ao absoluto de Deus, sem o qual tudo o mais perde sentido, valor e eficácia. O verdadeiro filho de Maria é um cristão que reza" (São João Paulo II, 04.07.80).

Em Aparecida, Maria é invocada como padroeira e mãe. A função maternal de Maria em relação aos homens de modo algum ofusca ou diminui a única mediação de Cristo; antes, manifesta sua eficácia. O sacerdócio de Cristo é participado pelos batizados e, de modo especial, pelos que recebem o sacramento da Ordem. Participamos da misericórdia de Cristo e de sua bondade. Por que alguém não poderia participar de sua mediação?

Em Aparecida, o povo olha para Maria. Ela, permanecendo virgem, gerou, por obra do Espírito Santo, o Verbo feito carne. Precisamente essa é a missão da Igreja: fazer nascer Cristo no coração de todos. Somente assim a humanidade se aproximará do Pai e todos se aceitarão como irmãos.

Em Aparecida, o povo se une a Maria por meio de muitas expressões de fé: celebrações, orações, novenas, Rosário... Depois, levam o que ali aprendem para suas comunidades. Seria importante que, em nossos lares, nunca faltasse, junto com a leitura da Palavra de Deus, a oração do Terço e outras belas manifestações da piedade popular. Maria Santíssima poderá, então, com mais facilidade, conduzir cada família aos caminhos de seu Filho.

Um compromisso

Aparecida é fonte de compromisso com Deus e com os irmãos. O peregrino, tendo passado algumas horas na Casa de Maria, volta para sua cidade com uma orientação muito clara – por sinal, a única dada pela Mãe de Jesus: *Fazei o que ele vos disser!* (Jo 2,5). Ali, como em Caná, Maria Santíssima está atenta às necessidades de seus filhos e quer que eles, por sua vez, prestem muita atenção às palavras de Jesus. Sabe que esse *é* o primeiro passo que deve ser dado pelos que quiserem segui-lo.

A imagem de Aparecida lembra-nos daquela que, desde toda a eternidade, ocupa um lugar especial no Coração do Pai; concebeu e deu seu Filho ao mundo por obra do Espírito Santo; teve um papel privilegiado na vida de Jesus; e, hoje, enche de alegria o coração do romeiro, levando-o a cantar: *Viva a Mãe de Deus e nossa, sem pecado concebida! Viva a Virgem Imaculada, a Senhora Aparecida!*

O PAPA FRANCISCO EM APARECIDA

É preciso *"deixar-se surpreender por Deus.* Quem é homem e mulher de esperança – a grande esperança que a fé nos dá – sabe que, mesmo em meio às dificuldades, Deus atua e nos surpreende. A história deste Santuário serve de exemplo: três pescadores, depois de um dia sem conseguir apanhar peixes, nas águas do Rio Parnaíba, encontram algo inesperado: uma imagem de Nossa Senhora da Conceição. Quem poderia imaginar que o lugar de uma pesca infrutífera tornar-se-ia o lugar onde todos os brasileiros podem se sentir filhos de uma mesma Mãe? Deus sempre surpreende, com o vinho novo, no Evangelho que ouvimos. Deus sempre nos reserva o melhor. Mas pede que nos deixemos surpreender pelo seu amor, que acolhamos as suas surpresas. Confiemos em Deus! Longe dele, o vinho da alegria, o vinho da esperança, esgota-se. Se nos aproximamos dele, se permanecemos com Ele, aquilo que parece água fria, aquilo que é dificuldade, aquilo que é pecado se transformam em vinho novo de amizade com Ele".

(Aparecida, 24.07.2013.)

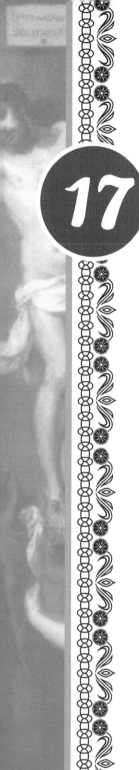

17

Ó vem conosco, vem caminhar, Santa Maria, vem!

"A devoção mariana, quando é autêntica, conduz sempre a Cristo e impele o cristão a encarnar o Evangelho, sem demora nem temores, nas vicissitudes cotidianas da própria vida."
(São João Paulo II, 02.07.90.)

A religiosidade popular

A religiosidade popular é um elemento positivo na evangelização, pois expressa e conserva a fé de nosso povo (DP 454, 448, 913). Foi o que constatou o Papa São João Paulo II, em sua primeira visita ao México: "A fé e a devoção a Maria e seus mistérios pertencem à identidade própria destes povos e caracterizam sua piedade popular.(...) Esta piedade popular não é um sentimento vago, destituído de sólida base doutrinal, como se constituísse forma inferior de manifestação religiosa. Quantas vezes é, pelo contrário, como que a expressão verdadeira da alma dum povo, ao ser tocada pela graça e forjada pelo encontro feliz entre a obra de evangelização e a cultura local. (...) Assim guiada e sustentada e, dando-se o caso, purificada pela ação constante dos pastores, e exercida diariamente na vida do povo, a piedade popular é verdadeiramente a piedade dos pobres e simples" (Zapopán, 30.01.79).

Não se pode, pois, desprezar a religiosidade popular, com a desculpa de que algumas expressões não são felizes ou são erradas. Se houver erros, é preciso corrigi-los.

Muitas expressões populares têm como forma literária a poesia, e essa tem um método de interpretação próprio. Mais: o povo, em suas expressões religiosas não diz tudo, mas subentende muita coisa. Não se pode, pois, concluir logo, diante de certas expressões populares (por exemplo: "Maria, nossa vida, nossa esperança..."), que estamos diante de erros. Normalmente os fiéis sabem o lugar de Maria; não a colocam no mesmo plano de Deus.

Seguir Jesus, sob a proteção de uma Mãe

O povo de Deus fez, ao longo de sua caminhada, uma experiência muito interessante. Quanto mais refletiu sobre a missão de seu fundador e sobre sua própria identidade, melhor compreendeu o papel da "Bem-aventurada Virgem Maria Mãe de Deus no Mistério de Cristo e da Igreja" (LG – Título do Cap.VIII). Constatou, por exemplo, que onde está Jesus, ali está sua Mãe. Silenciosa e humilde, simples e corajosa, viveu de forma extraordinária o projeto de Jesus. Por ele sacrificou-se e trabalhou. Não tinha projetos paralelos, nem jamais procurou sua própria vontade. Também ela ouviu o *Vem e segue-me!* e seguiu seu Filho. Isso lhe custou muito: um dia, depois de percorrer inúmeros caminhos, precisou ir até o alto do Calvário. Como recompensa por sua fidelidade, ganhou uma multidão de filhos. Deveria, dali em diante, formá-los segundo o coração daquele que conhecera tão bem.

Os cristãos que olham para Maria e procuram imitar sua doação e maneira de viver o Evangelho, descobrem que não estão sozinhos. Percebem que ela os ampara. E aprendem que é mais fácil e seguro seguir Jesus Cristo sob a proteção de uma mãe. Mesmo porque os caminhos que o Senhor escolhe são por vezes estreitos e pedregosos. Ou, como ele mesmo disse: "Estreita é a porta e apertado o caminho da vida e raros são os que o encontram" (Mt 7,14). Na verdade, o sonho de muitos é encontrar um Cristo sem cruz ou uma cruz sem calvário. Mas aquele que caminha à nossa frente é o "Homem das Dores". Assumiu uma cruz que não era a sua. Melhor: fez sua a cruz de todos os homens. E, olhando para nós, repete constantemente: *Vem e segue-me!* Ou então: "Se alguém quiser vir comigo, renuncie a si mesmo, tome sua cruz e siga-me!" (Mt 16,24).

O exemplo de Maria

Renuncie a si mesmo! Maria Santíssima não teve ilusões. Na Anunciação, uma vez aceito o convite para ser Mãe do Salvador prometido, ficou só, com as palavras misteriosas do anjo em seu coração. Não havia nem condições de repartir com outros o mistério que transportava: quem a entenderia?

Tome a sua cruz! Na gruta de Belém, sofreu com o que tinha para oferecer ao Filho que nascia: um ambiente rústico, uma manjedoura e o silêncio.

Surpreendeu-se com a visita dos pastores e guardou em seu coração o que eles falaram. Percebia que tudo estava penetrado de um mistério que era preciso assimilar, penetrar e desvendar.

Siga-me! Humilde e obediente, apresentou o Filho no Templo. Surpreendeu-se com as palavras que ouviu: "Eis que este menino está destinado a ser uma causa de queda e de soerguimento para muitos homens em Israel, e a ser um sinal que provocará contradições, a fim de serem revelados os pensamentos de muitos corações. E uma espada transpassará a tua alma" (Lc 2,34-35). Era-lhe difícil imaginar que a presença da criança que tinha nos braços causaria tantas alegrias e, especialmente, tantos problemas aos homens.

Depois, a perda do Filho na viagem a Jerusalém, a angústia da procura e a surpresa das palavras trocadas no encontro: "Meu filho, que nos fizeste? Eis que teu pai e eu andávamos à tua procura, cheios de aflição" (Lc 2,48). A resposta do Filho, como entendê-la? "Por que me procuráveis? Não sabíeis que devo ocupar-me das coisas de meu Pai?" (Lc 2,49). *Não sabíeis?* Não, ela não sabia. Ou, ao menos, não compreendia. Melhor mesmo era guardar também isso em seu coração, para uma meditação posterior. Também não entenderá mais tarde a ingratidão de que seu Filho será alvo. Compreenderá menos ainda o caminho do Calvário. Compreendeu, apenas, o amor de seu Filho pelos homens. E, por isso, uniu-se a ele até o fim, até sua crucifixão e morte. Bem mereceu de seus filhos, ao longo dos séculos, o nome de "Mãe das Dores".

Seu caminho de fé

Seu caminho foi percorrido na fé. Guardando e meditando em seu coração tudo o que via e ouvia, seguiu fielmente seu Filho. Foi essa a sua maneira de viver o projeto de Jesus, projeto que também ela entendeu melhor quando recebeu o Espírito Santo. Na novena em preparação de Pentecostes, lá estava ela, junto com os apóstolos, no Cenáculo de Jerusalém, *perseverando na oração* (At 1,14). Hoje, ela conhece como ninguém o projeto de Jesus. Não só o conhece: ensina-o a todos aqueles que aceitam ser alunos na sua escola. Como Mãe e Mestra que é, apontando para seu Filho, repete hoje o que falou em Caná: *Fazei o que ele vos disser!* (Jo 2,5).

CORAÇÃO DE PEREGRINO

"Por que vieram a este Santuário?" Minha pergunta, um tanto inesperada, deixou o grupo de peregrinos surpreso, ainda mais que não me conheciam. Não foi fácil explicar que não estava cobrando nada deles, mas apenas desejando conhecer as motivações que os haviam levado ao Santuário de Aparecida.

Sempre me impressionaram as grandes multidões que acorrem aos mais famosos santuários marianos do mundo: Lourdes, Fátima, Guadalupe e Aparecida. Interesso-me também pelos peregrinos que se dirigem a humildes e não menos importantes santuários diocesanos. A pergunta: "Por que vieram a este Santuário?" poderia ser feita aos milhares de fiéis que vão constantemente a um deles.

As respostas que obteríamos não seriam muito diferentes das que ouvi em Aparecida: *Sinto-me bem aqui! Venho renovar a minha fé. Estou pagando uma promessa. Quero voltar com mais disposição para minha casa.* Provavelmente veríamos também a multiplicação de gestos: mãos fazendo desenhos no ar, tentando completar o que as palavras não conseguem exprimir.

A história de cada peregrino é sempre original. Seus sentimentos, contudo, confundem-se com os dos peregrinos do Templo de Jerusalém, e Jesus foi um deles! (cf. Lc 2,41-52).

O Salmista assim resumiu sua oração: "Como são amáveis as vossas moradas, Senhor dos exércitos! Minha alma desfalecida se consome suspirando pelos átrios do Senhor. Meu coração e minha carne exultam pelo Deus vivo. Até o pássaro encontra um abrigo, e a andorinha faz um ninho para pôr seus filhos. Ah, vossos altares, Senhor dos exércitos, meu rei e meu Deus! Felizes os que habitam em vossa casa, Senhor: aí eles vos louvam para sempre" (Sl 83/84,2-5).

Sintetizando o significado dos santuários na vida da Igreja, o Papa São João Paulo II apontou duas características principais: são centros de atração e irradiação (cf. RMa 28). Pessoas, grupos ou povos procuram ali, quando se trata de santuários marianos, o encontro com a Mãe do Senhor, "com aquela que é feliz porque acreditou". Tais lugares irradiam a presença da Mãe de Cristo e são um convite silencioso para um aprofundamento da conversão. Não é de estranhar, pois, que neles se celebrem, com renovada piedade, os sacramentos da penitência e da eucaristia.

Ao apresentar a Igreja, o Concílio Vaticano II utilizou-se de uma belíssima expressão: é o povo de Deus em marcha para a casa do Pai. O peregrino de qualquer santuário é uma lembrança viva desse povo que não tem aqui morada permanente, mas que sente ser seu dever trabalhar para que todos possam viver plenamente, já, aqui e agora, sua dignidade de filhos de Deus.

É interessante notar que os leigos estão particularmente ligados aos santuários. São eles que organizam a maioria das peregrinações, dão vida às celebrações e transformam esses ambientes em uma festa perene. Sabem que vão ali por um breve tempo, mas o vivem com tal intensidade e em comunhão tão profunda com Deus e com os irmãos que, ao voltar para casa, surpreendem-se com uma pergunta: *Quando será que poderei voltar?*

"Sinto minh'alma desfalecer ansiando pelos átrios do Senhor", dizia o Salmista. O peregrino de hoje sente também arder seu coração pela oportunidade de um encontro especial com o Senhor. Por isso, se alguém lhe perguntar: "Por que veio a este Santuário?", provavelmente não receberá uma resposta intelectualizada. As palavras poderão não dizer muita coisa, mas se estiver atento aos gestos e, particularmente, ao brilho de cada olhar, captará um pouco do mistério vivenciado pelos peregrinos de ontem, de hoje e de sempre.

NAZARÉ: A ESCOLA DO EVANGELHO

Hoje, 25 de março de 2000, solenidade da Anunciação no ano do grande Jubileu, os olhos de toda a Igreja estão dirigidos para Nazaré. (...) É particularmente fácil compreender aqui porque todas as gerações chamam Maria de bem-aventurada (cf. Lc 2,48). (...)

Em Nazaré "encontramos Maria, a filha mais autêntica de Abraão. É Maria, mais que qualquer outra pessoa, quem nos pode ensinar o que significa viver a fé de "nosso pai". Maria é de muitas formas diferente de Abraão; mas, de maneira mais profunda, "o amigo de Deus" (cf. Is 41,8) e a jovem mulher de Nazaré são muito semelhantes. Abraão e Maria recebem uma maravilhosa promessa de Deus. Abraão se tornaria pai de um filho, do qual iria nascer uma grande nação. Maria se tornaria Mãe de um filho que seria o Messias, o Ungido do Senhor. (...) Tanto Abraão como Maria não esperavam de modo algum essa promessa. Deus muda o decurso cotidiano da vida deles, modificando seus ritmos consolidados e as normais expectativas. Quer a Abraão quer a Maria a promessa parece ser impossível. (...) Assim como a Abraão, também foi pedido a Maria que respondesse "sim" a algo que jamais acontecera antes. (...) Como Abraão, também Maria deveria caminhar na escuridão, entregando-se àquele que a chamou. (...)

Para penetrar de maneira ainda mais profunda nesse mistério, voltemos ao momento da viagem de Abraão quando lhe fora feita a promessa. Isso aconteceu quando recebeu na sua casa três hóspedes misteriosos (cf. Gn 18,1-15), oferecendo-lhes a adoração devida a Deus: *viu três e adorou um*. Aquele encontro misterioso prefigura a Anunciação, quando Maria foi poderosamente levada à comunhão com o Pai, o Filho e o Espírito Santo. Mediante o "faça-se em mim" pronunciado por Maria em Nazaré, a Encarnação tornou-se a maravilhosa realização do encontro de Abraão, com Deus. Por conseguinte, seguindo os passos de Abraão chegamos a Nazaré para cantar o louvor da mulher, "que deu ao mundo a luz" (hino *Ave Regina Caelorum*).(...)

Quando o Papa Paulo VI visitou Nazaré, definiu-a: *Escola do Evangelho*. "Aqui se aprende observar, escutar, meditar, penetrar o sentido, profundo e misterioso, daquela simplicíssima, humílima, lindíssima aparição" (Homilia em Nazaré, 05.01.1964).

Em Nazaré, onde Jesus "cresceu em sabedoria, em estatura e graça, diante de Deus e dos homens, peço à Sagrada Família que inspire todos os cristãos a defender a família" (Lc 2,52). (...). Em Nazaré, onde Jesus iniciou seu ministério público, peço a Maria que ajude a Igreja em toda a parte a anunciar a "boa-nova" aos pobres, precisamente como ele fez (cf. Lc 4,18). Neste "ano da graça do Senhor", peço que ela nos ensine o caminho da humilde e alegre obediência ao Evangelho, no serviço aos nossos irmãos e a nossas irmãs.

(João Paulo II, peregrino em Nazaré em 25.03.2000.)

A Santa Casa de Loreto (Itália)

A Santa Casa de Loreto, onde ainda ressoa, por assim dizer, a saudação "Ave, cheia de graça", é um lugar privilegiado, não só para meditar sobre a graça, mas também para a receber, incrementar e reencontrar, se perdida, mediante os sacramentos. (...) Em Loreto, fica-se como que contagiado pela fé de Maria. Uma fé que não é só consentimento da mente a verdades reveladas, mas também obediência, aceitação jubilosa de Deus na própria vida, um "sim" total e generoso ao seu desígnio...Não se contam as almas de simples fiéis e de santos canonizados pela Igreja que, entre as paredes[1] da capela lauretana, tiveram a sua "anunciação", ou seja, a revelação do projeto de Deus sobre a sua vida, e, no seguimento de Maria, pronunciaram o seu "fiat" e o seu "eis-me!" definitivo a Deus. (...) Em Loreto... muitos se convertem da incredulidade à fé, do pecado à graça, da tibieza e da superficialidade ao fervor espiritual e ao empenho do testemunho. Loreto é uma paragem de paz para a alma; é um encontro particular com Deus; é um refúgio para quem procura a Verdade e o sentido da própria vida.

(São João Paulo II, por ocasião do VII Centenário Lauretano, 15.08.93, n. 4.5.7.)

---

[1] N.B.: As paredes da Santa Casa de Loreto são, segundo estudos recentes, parte da Casa de Nazaré, isto é, são formadas pelas mesmas pedras, que não há naquela região da Itália, e têm as mesmas inscrições da parte da casa que ficou em Nazaré. Foram transportadas, na Idade Média (1293), de Nazaré, para o local onde se encontram hoje, por uma família de negociantes do sul da Itália – família De Angeli.

As mãos de Maria, em Éfeso (Turquia)

No Calvário, uma das últimas preocupações de Jesus foi de confiar sua mãe ao apóstolo João: *Eis aí tua mãe*. *O próprio evangelista nos testemunha que dessa hora em diante... a levou para a sua casa* (Jo 19,27).

Segundo antiga tradição, após a morte e ressurreição do Senhor, quando cresceu a perseguição contra os cristãos na Palestina, João levou Maria Santíssima para a cidade de Éfeso, na Ásia Menor. Não se sabe, ao certo, quanto tempo moraram ali. Dessa permanência temos hoje uma "relíquia": uma parte da casa onde a Mãe de Jesus morou.

Passando por Éfeso no século treze, os cruzados construíram uma pequena capela ao lado dessa casa. O local ficou depois abandonado por muito tempo até que, no final do século passado, foi reencontrado. No altar da capela, colocaram uma imagem de Nossa Senhora das Graças.

Do começo da Primeira Guerra Mundial até alguns anos depois da Segunda, a *Casa de Maria* ficou novamente abandonada. Nessa época, pessoas desconhecidas tiraram as mãos da imagem e, segundo o que ali se conta, jogaram-nas no vale logo em frente. E é assim que está ainda hoje a imagem de Nossa Senhora em Éfeso: sem mãos.

De início, fiquei chocado com a cena: a imagem de Nossa Senhora, a Mãe de Jesus, de braços abertos, acolhendo os peregrinos (cerca de um milhão por ano!), mas sem as mãos!

Não é fácil aceitar essa situação. Afinal, as mãos de Maria Santíssima acariciaram Jesus, prepararam sua comida e lavaram sua roupa. Foram elas que apoiaram o Filho de Deus para que ele aprendesse a andar, comer e escrever. As mãos de Maria estiveram sempre em função de Jesus. Bem mereceram, pois – supremo gesto de dor e de amor! –, receber seu corpo quando foi tirado da Cruz. Por tudo isso, as mãos de Maria poderiam dar origem a um belo poema. Em Éfeso, contudo, sua imagem ficou semidestruída, amputada, sem mãos. Não sei o motivo porque nunca quiseram providenciar-lhe outras. E não será agora que o farão, já que os peregrinos se acostumaram a vê-la assim e fazem questão de levar para suas casas uma reprodução que lhes lembra justamente isso: *Maria está sem mãos!*

Procurando fazer a leitura desse fato, concluí que ele é rico de ensinamentos, especialmente para as mulheres de nosso tempo.

As mãos de Maria, hoje, são as mãos das jovens que, no dia do casamento, esperam que seus esposos nelas coloquem a aliança. São as mãos das religiosas que se cruzam num gesto de consagração ao Senhor. São as mãos das enfermeiras que, num hospital, apertam o braço de um doente terminal, procurando transmitir-lhe conforto. São as mãos das mães que trocam a roupa dos filhos irrequietos. São, também, as mãos das operárias que cuidam do tear e das agricultoras que preparam a terra para receber a semente.

A imagem de Maria, em Éfeso, não tem mãos. Mas ela própria tem milhares, tem milhões de mãos pelo mundo afora. Por meio delas, Maria continua abençoando, amparando e confortando a Jesus, que hoje tem o rosto do menino de rua e da criança da catequese, do aluno curioso e da criança que cedo ficou órfã, do filho brincalhão e da garota estudiosa.

Para o peregrino de Éfeso, poderá ser motivo de surpresa encontrar uma imagem de Maria sem mãos. Para cada mulher que assim a vê, é um renovado apelo a emprestar-lhe suas mãos para que, com elas, Maria continue, hoje, pelos caminhos do mundo, servindo seu Filho Jesus.

18 Maria e o ecumenismo: A mãe nunca esquece o filho ausente

O mesmo Espírito Santo, que agiu em Maria, age no atual movimento ecumênico.

Visões diferentes

Estamos conscientes de que existem não leves discordâncias entre o pensamento de muitos irmãos de outras Igrejas e Comunidades eclesiais e a doutrina católica "acerca (...) da função de Maria na obra da Salvação" (UR n. 20) (...). Todavia, porque a mesma potência do Altíssimo, que cobriu com a sua sombra a Virgem de Nazaré (cf. Lc 1,35), age também no atual movimento ecumênico e o fecunda, desejamos exprimir nossa confiança no sentido de que a veneração da humilde Serva do Senhor, na qual o Onipotente fez grandes coisas (cf. Lc 1,49), há de se tornar, se bem que lentamente, não já um obstáculo, mas sim um caminho e ponto de encontro para a união de todos os fiéis em Cristo.

(Paulo VI, *Marialis Cultus, 33*).

As observações do Papa Paulo VI continuam atuais: no esforço de unificação das Igrejas, a mariologia, ao lado do papado e dos ministérios da Igreja, tem feito surgir sérios questionamentos. Há os que chegam a dizer que, nesse campo, são tantas as divergências entre católicos e evangélicos que se torna quase impossível pensar-se em ecumenismo.

A mariologia católica (e também a ortodoxa) está baseada não somente sobre a Bíblia, mas também sobre a Tradição. Sua antropologia é otimista e admite uma determinada relação do homem com Deus, e vice-versa. Deus, em Jesus Cristo, superou o abismo que havia entre ele e a criatura. Fez do homem não somente um objeto de sua misericórdia, mas um companheiro. Ajudado por Sua graça, pode a criatura humana ser até uma intermediária, levando a salvação de Cristo a outros. Há, também, uma ligação ("comunhão dos santos") entre aqueles que já estão com o Senhor e os que continuam peregrinando sobre a terra.

Na visão antropológica dos evangélicos, fundamentada nos princípios "somente Cristo, somente a graça e somente a fé", há uma radical antinomia entre Deus e o homem: são dois mundos diferentes e é absurdo pensar na cooperação do homem com Deus, incompatível com o conceito de Deus mesmo. Um teólogo protestante – Barth – assim expressou essa ideia: "Deus pode pôr a mão no homem; o homem é o objeto que Deus tem nas suas mãos; Deus é Deus, e o homem é homem, pecado sem graça e morte sem esperança". Nessa linha, Maria não tem nenhuma função mediadora; não podemos nos dirigir a ela (ou aos santos) com a oração, porque eles nada podem obter para nós.

Desafios

"É desejo da Igreja Católica que no culto mariano, sem que lhe seja atenuado o caráter singular, sejam evitados, com todo o cuidado, quaisquer exageros, que possam induzir em erro os outros irmãos cristãos, acerca da verdadeira doutrina da Igreja Católica" (Paulo VI, *Marialis Cultus*, 32).

É preciso reconhecer: em várias épocas dominou em não poucos pregadores uma grande preocupação com os chamados "privilégios marianos". A devoção mariana era cercada de muito sentimentalismo e dominava a preocupação de se proclamarem novos títulos de Maria. Se alguém chamasse a atenção para esses abusos, corria o risco de ser mal interpretado: ali estava um sinal de que amava pouco a Mãe de Jesus.

O documento do Concílio Ecumênico Vaticano II sobre o ecumenismo (*Unitatis Redintegratio*) lembrou que existe uma ordem ou "hierarquia" nas verdades da doutrina católica. Essa ordem depende de seu nexo com o fundamento da fé cristã. Assim, são mais importantes as verdades que se referem ao fim (os mistérios da Santíssima Trindade, da justificação, do reino futuro); em seguida vêm as verdades referentes aos meios (os mistérios da Igreja, da Palavra de Deus e dos sacramentos, da intercessão dos santos e de Maria, da oração, dos méritos etc.). Quando essa hierarquia não é levada em conta – e isso acontece, por vezes, nas devoções populares –, nascem as incompreensões e multiplicam-se as críticas.

Outro desafio: certas frases de grandes santos ou certas devoções que se espalharam pelo mundo podem gerar perplexidade, quando recebem acento demasiado ou são apresentadas fora de seu contexto. São esses os "exageros" que, segundo o Papa Paulo VI, podem "induzir em erro os outros irmãos cristãos, acerca da verdadeira doutrina da Igreja Católica".

Colocar-se no lugar do outro

No diálogo ecumênico, como em qualquer diálogo, o mais difícil é colocar-se no lugar do outro. Enquanto isso não acontece, cada lado julga o outro não tanto a partir do que realmente pensa, mas do que "acha" que ele pensa.

Para muitos católicos, não é fácil compreender como é que os irmãos evangélicos não aceitam Maria. Se Maria é a Mãe de Jesus, a Mãe da unidade, como é possível que alguém não tenha um lugar especial para ela em seu coração? É-lhes difícil entender que, talvez, o que não esteja sendo aceito são certas expressões ou formas de piedade.

Para muitos protestantes, é difícil entender o lugar de Maria na espiritualidade católica, porque obtiveram suas informações de pregadores evangélicos, e não de teólogos católicos. Tudo o que veem e ouvem é, então, julgado a partir de conceitos já solidificados em seu coração (preconceitos).

O espírito ecumênico muda os ânimos só muito lentamente e, para isso, é necessário superar não poucas dificuldades. São poucos os que participam do diálogo ecumênico. Mais: o relacionamento polêmico, que durou séculos, deixou raízes nos dois lados. Os muros levantados entre os irmãos só em parte cresceram por motivos doutrinais. O que ajudou a levantá-los foram as incompreensões, as aversões, a falta de confiança, o orgulho e, é preciso dizer, até o ódio. Essas barreiras psicológicas são, por vezes, mais difíceis de superar do que as próprias divergências teológicas.

Nos tempos atuais, grandes passos têm sido dados – levando-se em conta que, no campo ecumênico, o mais modesto deles é "um grande passo". Nos encontros e congressos marianos já realizados, constatou-se que um dos primeiros obstáculos a ser vencido é o que diz respeito à compreensão das expressões referentes a Maria, muitas vezes com sentidos diferentes em cada Igreja.

A Deus nada é impossível

No final de sua carta encíclica *Ut unum sint* ("Para que sejam um"), sobre o empenho ecumênico (25.05.95), o Papa São João Paulo II lembra que "o poder do Espírito de Deus faz crescer e edifica a Igreja através dos séculos. Com o olhar voltado para o novo milênio, a Igreja pede ao Espírito a graça de reforçar a sua própria unidade e de a fazer crescer até a plena comunhão com os outros cristãos.

Como consegui-lo? Em primeiro lugar, com a *oração*. (...)

Como consegui-lo? Com a *ação de graças* (...).

Como consegui-lo? Com a *esperança no Espírito* (...).

E se nos viesse a vontade de perguntar se tudo isso é possível, a resposta seria sempre: sim! A mesma resposta ouvida por Maria de Nazaré, porque a Deus nada é impossível (*US* 102).

CRIATURA, FILHA E MÃE

Não respeitaremos Maria, se não reconhecermos nela uma autêntica criatura de Deus, uma filha de Israel plenamente inserida na história de seu povo, uma mãe que viveu as alegrias e as dores da maternidade, tanto na rotina diária como em circunstâncias excepcionais, como a do exílio. Foi por meio de seu itinerário humano que essa mulher se abriu à Palavra de Deus. Nesse mesmo caminho, foi chamada à fé e aprendeu a tornar-se discípula, de etapa em etapa, às vezes na luz e muitas vezes na noite, desde o "faça-se em mim" da Anunciação e a alegria do *Magnificat* ao desconforto silencioso do Calvário.

(*Maria no plano de Deus e na comunhão dos santos* – Documento do Grupo de Dombes[1], 1998, p. 134-135)

A MATERNIDADE DIVINA

No comentário que fez sobre o *Magnificat* (1520-1521), Lutero assim se expressou ao se referir à afirmação: *"O Poderoso fez por mim maravilhas e Santo é o seu nome"*. As maravilhas "nada são senão o fato de Maria ter chegado a ser mãe de Deus. Foram dadas a ela tantas e tão grandes obras, que ninguém as pode compreender. Nisso estão toda a sua honra e bem-aventurança. Por essa razão ela é uma pessoa especial dentre todo o gênero humano. Ninguém se iguala a ela, porque ela tem um filho com o Pai celeste. E que filho! Ela própria é incapaz de descrever esse acontecimento por ser muito grande. Tem de contentar-se com que irrompa e trabalhe em seu favor, dizendo que são grandes coisas que não se podem esgotar nem medir em palavras. Por isso toda

---

[1] N.B.: O "Grupo de Dombes" – assim chamado por causa da Trapa de Dombes, em Ain, França –, fundado em 1937, é formado por vinte teólogos católicos e vinte teólogos protestantes e tem objetivos ecumênicos. Não é oficial, mas desfruta de grande estima nos ambientes ecumênicos. Seus textos são acolhidos com grande consideração. Já publicou trabalhos sobre a Eucaristia (1972), os ministérios (1973), os sacramentos (1980), o ministério de comunhão na Igreja (1986) e, após cinco anos de estudos, de confronto e de pesquisa, este sobre Maria. A conclusão a que chegou é que "nada em Maria nos permite fazer dela o símbolo do que nos separa".

a honra de Maria foi resumida numa única palavra: mãe de Deus. Ninguém pode dizer coisa mais nobre dela e para ela, mesmo que tivesse tantas línguas quanto existem folhas e ervas, estrelas no céu e areia no mar. Também é preciso meditar no coração sobre o que significa ser mãe de Deus. Maria também atribui isso totalmente à graça de Deus, não a seu mérito. Embora tivesse sido sem pecado, essa graça era tão superior a tudo que, de modo algum, ela era digna dela. Como poderia uma criatura ser digna de ser a mãe de Deus? (...) Nunca havia ocorrido a Maria tornar-se mãe de Deus, muito menos se havia preparado ou colocado à disposição para tanto. Essa mensagem apareceu de modo completamente imprevisto, como escreve Lucas (1,29).

(Martim Lutero, *Magnificat – O louvor de Maria*, Editora Santuário
– Editora Sinodal, 2015, p. 43.)

A CONSPIRAÇÃO DO SILÊNCIO

As Igrejas de Roma e de Constantinopla colocam o ecumenismo diante de uma situação de fato: em seu pensamento, em sua teologia, na sua liturgia, na consciência de seus fiéis, a Virgem Maria desempenha um papel eminente. Como protestantes, depois de quatro séculos, queremos compreender esse fato. Não desconhecemos que a conspiração do silêncio mantida em torno da Virgem Maria torna impossível todo encontro. (...) Nos primórdios da Reforma, a conspiração do silêncio não existia. Lutero (...) venerava aquela que foi a primeira a crer em Cristo, a primeira a pronunciar o sim e o amém dum coração fiel, aquela que, por virtude do seu consentimento, refletiu em si a perfeição de Cristo. Em seu "Comentário sobre o Magnificat" exprime essa veneração. (...)

Para traduzir em termos concretos a vontade de compreender o lugar de Maria na comunidade dos batizados, deveríamos dizer todos juntos:

(...) Ó Deus, tu quiseste fazer da Virgem Maria a figura da Igreja. Ela recebeu Cristo e o deu ao mundo. Envia sobre nós o teu Espírito Santo, para que em breve sejamos unidos visivelmente num só corpo, e que nós irradiemos Cristo no meio dos homens que não conseguem crer. Congrega-nos na unidade visível, a fim de que, com a Virgem Maria e todas as santas testemunhas de Cristo, rejubilemo-nos em ti, nosso Salvador, agora e sempre e pelos séculos dos séculos. Amém.

(Roger Schutz, calvinista, fundador e prior da Comunidade Ecumênica de Taizé –
França. O texto acima está na Introdução de *O Magnificat*, de Martim Lutero,
Editora Vozes, Petrópolis, 1968, p. 8-16.)

ORAÇÃO DE UMA MULHER MUÇULMANA:
SOU TUA FILHA

Mãe, sou tua filha. Escuta-me esta tarde.
Sinto imensa alegria de estar aqui e falar-te,
de vir aqui e abrir meu coração!
Vais me escutar, não é verdade?
Vais me ouvir sem cansar-te...
Sabes? Sempre sonhei em ter uma mãe como tu!
Nossas mães africanas são boas, tu sabes...
Mas têm tantas preocupações
e se cansam tanto com suas crianças!
Elas as carregam nos ombros
e, muitas vezes, levam um grande cesto na cabeça.
Não podem respirar um minuto!
Tu, ao contrário, és toda para nós...
Talvez estejas mais com teus filhos da África
que com todos os outros teus filhos do mundo.
Afinal, não foste refugiar-te no meio de nós
quando foste expulsa de teu país?
Poderias ter-te dirigido para o norte, para o leste ou para
o oeste...
Mas não, pegaste a estrada do sul e escolheste a África.
Quando preparavas a comida, estavas acocorada como
nós, perto do fogo de lenha e de uma panela de barro.
Quando querias um pouco d'água, não tinhas uma bela tor-
neira e tantos utensílios complicados.
Simplesmente ias à fonte
e voltavas cantando, com a ânfora no ombro,
caminhando como nós, sobre as pedras, com os pés des-
calços.
E quando José não tinha trabalho,
talvez passaste fome, como nós.
Por tudo isso, seguramente entendes
quanta necessidade temos de ti.
Como os outros teus filhos, até mais do que os outros,
temos necessidade de tua alegria,
muito diferente do delírio desenfreado de nossas danças,
que se prolongam pela noite toda.
Tua alegria vem do trabalho e do silêncio de ti mesma.
Virgem Maria, esta tarde meu coração está cheio de desejos.

Toma-os em tuas mãos de Mãe!
Obrigada!

(Madia Kafumbe, *Lourdes*, outono de 1958, in JGL 109 (1960), 21, p. 3.)

19

Todas as gerações me chamarão bem-aventurada

"Bendita és tu entre as mulheres!"
(Lc 1,42)

Maria nas artes

"Eis que agora as gerações hão de chamar-me de bendita" (Lc 1,48). A história da humanidade tem confirmado a realização dessa profecia de Maria Santíssima. Na literatura e na pintura, na escultura e na arquitetura, na música e no teatro, enfim, em todas as manifestações de seu gênio e de sua arte, todas as gerações têm procurado dar um lugar de destaque à Mãe de Jesus.

Maria na filatelia

Uma mulher universal

Tem-se cumprido, na *filatelia*, as palavras da Virgem. Milhares e milhares de selos foram emitidos no mundo todo desde que, em meados do século dezenove, na Inglaterra, teve início o uso de pequenos papéis com números e/ou gravuras para serem colados nos envelopes, como forma de pagar os serviços dos correios. É quase impossível saber quantos desses selos, direta ou indiretamente, foram dedicados a Nossa Senhora. São reproduções de célebres *Ma-*

donnas ou de santuários; apresentam cenas evangélicas ou símbolos marianos; perpetuam festas tradicionais dedicadas a Maria Santíssima ou divulgam esculturas de artistas famosos. Sob mil formas cumpre-se, também no selo postal, a famosa profecia de Maria: "As gerações hão de chamar-me de bendita!" Curiosamente, também países sem nenhuma tradição cristã acabam participando dessa homenagem à "Serva do Senhor".

Maria na literatura

Ave, Maria!

Quando ouviu pela primeira vez a *Ave, Maria* da boca de Gabriel, Maria concebeu em seu seio puríssimo o Verbo de Deus. Agora, cada vez que uma boca humana repete essas palavras, que foram o sinal de sua maternidade, suas entranhas se comovem na lembrança de um momento que não teve igual no céu e na terra, e toda a eternidade é invadida pela alegria que ela prova (...). O racionalista sorri vendo passar fileiras de pessoas que repetem a mesma palavra. Quem é iluminado por uma luz melhor compreende que o amor tem somente uma única palavra, e dizendo-a sempre não a repete jamais.

(H.-D.Lacordaire (1802-1861), *Vie de Saint Dominique*,
Poussielgue, Paris, 1860, t. 1, p. 238-239.)

A noite do Calvário e a estrela da manhã

"Estava lá, de pé, a Mãe dolorosa.
A treva escura, cega, surda, terrível,
descia por toda parte em torno do Gólgota.
Ó Cristo! A luz se tornou escura quando foste tirado dela,
e teu último respiro levou embora toda e qualquer claridade.
A Mãe estava lá, de pé, perto do patíbulo!
E eu me disse: Eis a dor! E me aproximei.
"O que tens", disse-lhe, "entre teus dedos divinos?"
Então, aos pés do Filho, coberto de sangue pelo golpe da lança,
ela ergueu a mão direita e a abriu em silêncio.
Então vi, na sua mão, a estrela da manhã."

(Victor Hugo (1802-1885), *Les Contemplations*, setembro de 1855.)

É Deus, e se parece comigo

Pouca coisa aqueles homens tinham em comum, além do fato de serem franceses e estarem ali por serem prisioneiros de guerra. A convivência na mesma prisão havia-os levado a uma aproximação jamais imaginada antes. Os laços de amizade que se criaram entre eles davam-lhes a capacidade de olhar com respeito as diferenças mútuas. No dia a dia, colocavam em comum as lembranças e crenças, os ideais e projetos.

Era dezembro de 1940 e a proximidade do Natal fazia nascer uma pergunta no coração de alguns: O que poderia ser feito para que essa festa não ficasse esquecida?

Das conversas, surgiu a ideia de prepararem uma encenação que seria apresentada na vigília natalina. Mas quem escreveria o texto?

O grupo de padres, do qual fazia parte também um noviço jesuíta, jamais poderia imaginar que Jean-Paul Sartre aceitasse essa incumbência. Afinal, além de ser um filósofo já mundialmente famoso, era confessadamente ateu e ateu morreria, décadas depois. Sartre aceitou o desafio e procurou sintetizar o pensamento de seus companheiros. Jamais poderia imaginar que, ao colocar, no Auto de Natal, os sentimentos de Maria Santíssima na boca de um cego, estava deixando uma das mais belas páginas sobre o mistério da encarnação do Filho de Deus na terra dos homens, esse mistério que faz de cada Natal uma festa única:

> A Virgem está comovida e contempla o menino. O que se deveria escrever a respeito do seu rosto é que expressa uma ansiosa admiração que se faz presente apenas uma vez em uma face humana. Afinal, Cristo é seu filho, carne de sua carne e fruto de suas entranhas. Trouxe-o no ventre durante nove meses, oferecer-lhe-á o seio, e o seu leite se tornará o sangue de Deus. Algumas vezes a tentação é tão forte que a faz esquecer que é Deus. Aperta-o entre os braços e diz: "Meu menino!"
>
> Em outros momentos, porém, fica tolhida e pensa: "Eis Deus aqui", e é tomada por um religioso temor por aquele Deus mudo, por aquele menino que incute medo. Todas as mães em algum momento se detiveram assim diante daquele pedaço inquieto da sua carne que é o seu menino, sentindo-se exiladas diante daquela vida nova que se faz com a sua vida que é habitada por estranhos pensamentos. Mas nenhum filho foi arrancado mais cruel e rapidamente de sua mãe do que este, porque é Deus e supera tudo aquilo que ela poderia imaginar.
>
> Penso, no entanto, que existem outros momentos, fugazes e velozes, nos quais ela percebe, ao mesmo tempo, que o Cristo é seu filho, o seu menino, e é Deus. Contempla-o e pensa: "Este Deus é meu filho. Esta carne divina é a minha carne. De mim foi feito, tem os meus olhos, a forma da boca tem a forma da minha, se parece comigo. É Deus, e se parece comigo".

Mulher alguma pôde, jamais..., possuir deste jeito o seu Deus somente para si, um Deus menino que se pode tomar nos braços e cobrir de beijos, um Deus cálido que sorri e respira, um Deus que se pode tocar e que ri. É num desses momentos que eu haveria de retratar Maria se eu fosse pintor[1].

Maria na poesia

Porque quero revê-la em ti

Entrei na igreja um dia
e, com o coração cheio de confidência, perguntei-lhe:
"Por que quiseste ficar na terra,
em todos os pontos da Terra,
na dulcíssima Eucaristia,
e não encontraste um modo,
Tu que és Deus,
de trazer e deixar também Maria,
a Mãe de todos nós que peregrinamos?"
No silêncio, parecia responder:
"Não a trouxe porque quero revê-la em ti.
Mesmo que não sejais imaculados,
o meu amor vos virginizará,
e tu, vós,
abrireis braços e corações de mães à humanidade,
que, como outrora, tem sede de seu Deus
e da Mãe d'Ele.
A vós, ora, cabe
lenir as dores, as chagas,
enxugar as lágrimas.
Canta as ladainhas
e procura espelhar-te nelas!"

(Chiara Lubich. Porque quero revê-la em ti. *A atração do tempo moderno*.
2ª ed. São Paulo: Cidade Nova, 1998, p. 58 – Escritos Espirituais, 1.)

---

[1] Esse texto de Jean-Paul Sartre encontra-se em *Tutte le genti mi diranno beata*, de René Laurentin, EDB, Bologna, 1986, p. 255-256. Ao apresentá-lo, o mariólogo Laurentin observa: "Se precisasse jogar no mar os textos citados neste livro, este é um dos dez que conservaria".

Maria na música

Senhora e Rainha

O povo te chama de Nossa Senhora,
por causa de nosso Senhor.
O povo te chama de mãe e rainha, porque Jesus Cristo
é o rei do céu.

E por não te ver como desejaria, te vê com os olhos da fé.
Por isso ele coroa a tua imagem, Maria,
por seres a Mãe de Jesus, por seres a Mãe de Jesus de Nazaré.

Como é bonita uma religião que se lembra da Mãe de Jesus.
Mais bonito é saber quem tu és!
Não és deusa, não és mais que Deus,
mas, depois de Jesus, o Senhor, neste mundo ninguém foi maior...

Aquele que lê a palavra divina, por causa de Nosso Senhor,
já sabe o que o livro de Deus nos ensina
que só Jesus Cristo é o intercessor!
Porém, se podemos orar pelos outros, a Mãe de Jesus pode mais!
Por isso te pedimos em prece, ó Maria,
que leves o povo a Jesus, porque de levar a Jesus entendes mais!

(Pe. José Fernandes de Oliveira, SCJ – *Pe. Zezinho*
CD *Quando a gente encontra Deus*, Paulinas, São Paulo.)

20. Maria, a Igreja e você

Desejamos perceber a presença ativa de Maria entre nós.

Convocados pelo Papa e reunidos para participar do Concílio Vaticano II, celebrado de 1962 a 1965, os bispos do mundo inteiro, falando da Mãe de Jesus, disseram, entre muitas outras coisas: "Os fiéis ainda têm de trabalhar para vencer o pecado e crescer na santidade; por isso levantam os olhos para Maria" (LG 65).

Levantam os olhos para Maria. Realmente, há séculos o povo de Deus lhe pede, confiante, ao rezar a Ave-Maria: *rogai por nós, pecadores.*

Também nós, que somos chamados a seguir Jesus Cristo, queremos "levantar os olhos para Maria". Queremos conhecer o que liga Maria a Jesus, para assim conhecer melhor o caminho que nos conduz a ele. Desejamos perceber com clareza "a presença ativa de Maria entre nós... aquela presença materna e cheia de desvelo, misteriosa, mas eficaz" (São João Paulo II, 01.02.88).

Queremos, ao voltar nosso olhar para Maria, aprender da Igreja, que não acrescenta qualquer coisa à ação da graça divina em Maria ou tira dela; apenas adora o misericordioso plano de Deus a respeito daquela que é "bendita entre as mulheres".

O que Maria oferece à Igreja?

Maria oferece à Igreja um caminho de espiritualidade. Ela conseguiu resolver o problema da unidade interior; harmonizou em sua vida a ação e a contemplação:

– a *ação*: era uma pessoa sempre pronta a agir: foi *apressadamente* ao encontro de Isabel; em Caná esteve atenta à falta de vinho;

– a *contemplação*: meditava tudo em seu coração, uma vez que não tinha respostas prontas para cada situação que enfrentava. O evangelista Lucas nos recorda de dois acontecimentos que comprovam isso: nascimento de Jesus e a visita dos pastores (cf. Lc 2,1-20) e encontro no Templo (Lc 2,41-52). Maria é, "sempre e em todas as partes do mundo, memória do seu Filho, de nosso Salvador, memória da Igreja" (São João Paulo II, 05.04.87).

A Virgem Santíssima nos ensina que nesse campo não há passes de mágica. A busca de unidade, a unificação de nosso ser em Deus é um trabalho que exige muita dedicação; é um trabalho de toda uma vida. Para conseguir essa unidade é essencial fazer como ela fez, colocando Jesus como centro da própria vida. Melhor do que ninguém Maria pode nos ensinar a ter uma verdadeira paixão por Jesus, a ter entusiasmo por ele. Se ela própria fosse chamada a escolher um lema para a sua vida, talvez escolhesse o seguinte: "Fazei tudo o que ele vos disser!"

Maria nos oferece seu exemplo: deu Jesus ao mundo. Os Padres da Igreja ensinavam que, se Jesus nasceu da Virgem Maria, ninguém senão ela poderia gerar Jesus. Para isso, é preciso aprender de Maria o gesto do dom total de si a Deus: com o *sim* de Abraão começou a Antiga Aliança; com o *sim* de Maria começou a Nova Aliança. Ambos acreditaram e geraram vida. Maria gerou a Vida.

Maria nos ensina que acreditar é abandonar-se à vontade de Deus. Abandonar-se não é uma atitude passiva. É uma decisão muito consciente; é uma entrega de si mesmo a Deus. Quando fazemos isso, o Senhor tem condições de realizar em nós seus planos.

Maria nos oferece a recordação da infância de Jesus. Em Nazaré, muitos, ao olhar para Jesus menino, adolescente, jovem e já homem feito, talvez tenham dito: "Como é parecido com sua mãe!" É possível que os olhos de Jesus fossem semelhantes aos de Maria; ou seu jeito de sorrir e de falar. Com ela Jesus viveu, aprendeu a se expressar e a rezar; conheceu a história de seu povo e viu perto de si um exemplo vivo de pobreza e humildade. Jesus foi o primeiro aluno da *Escola de Maria,* e foi, por sua vez, Mestre de sua mãe.

Somente Maria podia dizer, referindo-se a Jesus, o mesmo que o Pai eterno lhe disse: "Tu és meu filho, eu hoje te gerei" (Hb 1,5).

Hoje, temos informações sobre a encarnação de Jesus, seu nascimento, a apresentação no Templo e uma série de dados sobre sua infância, graças a Maria, que no-los transmitiu, quer falando deles para o evangelista Lucas, que muito pesquisou antes de escrever seu Evangelho, quer expondo-os para alguém que depois contou ao evangelista.

Ela foi a primeira criatura a tomar conhecimento da presença do Salvador no meio dos homens. O que ouviu do anjo a respeito de Jesus foi confirmado pelas vozes inspiradas de Isabel e de Simeão. Por tudo isso, a Igreja aprendeu a olhar para Jesus através do olhar de Maria (cf. RMa 26).

O que Maria recebe da Igreja?

Maria recebe da Igreja filhos que a imitam. Quantas pessoas seguem seu caminho de fé! É "feliz porque acreditou", segundo lhe disse Isabel. Outras, aproximam-se de Jesus atraídos por sua maneira de ser. Não poucas aprendem dela a capacidade de dizer *sim* a Deus, um sim total e generoso.

Recebe comunidades inteiras que se colocam sob sua proteção: cada povo, cada diocese e paróquia tem sua maneira de honrar Maria. Quantos títulos ela já recebeu? Quantas novenas, orações, festas e procissões são feitas em sua homenagem? Quantos Rosários sobem ao céu diariamente?

Maria recebe uma multidão de filhos que acorrem a seus santuários – filhos que se sentem atraídos pela casa da mãe e, depois, partem renovados e convertidos, dispostos a colaborar na construção do Reino de Deus. Essa é a história dos santuários de Guadalupe, Lourdes, Fátima, Aparecida... e também dos pequenos e atraentes santuários diocesanos. Nos santuários, o povo de Deus busca o encontro com a Mãe de Cristo, e aquela que acreditou fortifica a fé dos que ainda caminham (cf. RMa 28).

O que Maria lhe oferece?

Maria oferece a você um modo próprio de responder à vontade de Deus: ensina-lhe a ser *servo/serva do Senhor,* isto é, a viver o dom total de si a serviço do plano de Deus. Esse plano está acima de seus projetos pessoais, é mais forte do que seus fracassos e supera infinitamente suas limitações. O problema, contudo, é que você pode estragar ou empobrecer os projetos do Pai com suas mesquinharias.

A Mãe de Jesus oferece-lhe um exemplo de mediação e intercessão. Ela demonstrou, especialmente em Caná, o que significa ser intermediário. Foi ponte entre seu Filho e os noivos: *Eles não têm vinho!* Hoje continua exercendo o mesmo papel sempre que há alguma privação, pobreza ou sofrimento. Por isso, apresenta a Jesus os problemas da humanidade carente e sofrida: "Teus irmãos não têm pão... não têm casa... não têm fé... vivem se guerreando... não têm paz!..." Aos homens e mulheres repete: *Fazei o que ele vos disser!* Essa, por sinal, foi a última frase de Maria conservada na Bíblia; e precisava ser conservada alguma outra depois dessa?...

Maria lhe oferece seu testemunho a respeito da ação do Espírito Santo na Anunciação e em Pentecostes. Mostra-lhe o que o Espírito Santo poderá realizar em sua vida se você se deixar guiar por ele, como ela o fez.

Oferece-lhe, também, um modelo de evangelização: evangelizar, segundo Maria, é fazer Jesus Cristo presente na vida dos outros. Não foi o que Isabel experimentou? Evangelizar é ter um coração pronto a fazer a vontade de Deus: "Faça-se em mim segundo a tua palavra!" É, também, estar sempre a caminho: por quantas estradas andou por causa de Jesus? Foi a Belém, a Jerusalém, ao Egito, voltou a Nazaré, percorreu os caminhos da Palestina... subiu até o Calvário. Quantos encontros teve? Quantas "Isabel" encontrou para ajudar?

Mas, acima de tudo, a Virgem Maria lhe oferece sua maternidade. Ela é Mãe e você é seu filho. Melhor do que ninguém, a Mãe de Jesus pode gritar ao mundo: "Eu sei quanto sua salvação custou a Jesus! Sei que ele deseja que eu cuide de você com o carinho e a atenção que lhe dei em Nazaré!"

O que Maria recebe de você?

Aqui, a história de cada um é única. Não tenho condições de responder em seu nome. Não sei o que Maria Santíssima tem sido para você.

Do apóstolo São João, presente com ela no Calvário, Maria recebeu um gesto concreto: foi acolhida em sua casa. O evangelista passou a ser seu discípulo; tornou-se o segundo aluno na *Escola de Maria*. Nessa *Escola* seu lugar está reservado...

Conclusão

Faça como o Pai Eterno, que confiou em Maria. Ele colocou sob sua proteção seu Filho único. Confie nela você também. Coloque-se sob sua proteção e intercessão. Maria poderá transformá-lo segundo a imagem de Jesus, que conheceu como ninguém o conheceu.

Santa Maria Virgem,
não há nenhuma outra semelhante a ti,
nascida no mundo, entre as mulheres,
filha e serva do Altíssimo Rei, o Pai celeste.
Mãe do Santíssimo e Senhor nosso Jesus Cristo,
Esposa do Espírito Santo:
ora por nós, com São Miguel Arcanjo
e com todas as virtudes do céu, e com os santos,
junto ao teu santíssimo Filho querido, nosso Senhor.

(São Francisco de Assis, *Officium Passionis.*)

O QUE MARIA ENSINA AO HOMEM E À MULHER DE HOJE?

• Chamada por Deus para a missão de ser mãe de seu Filho, deu seu *sim* ativo e responsável (cf. Lc 1,26-38).

• Longe de ser uma mulher passiva e submissa, ou de religiosidade alienante, afirmou que Deus é vingador dos humildes e dos oprimidos e derruba de seus tronos os poderosos do mundo (cf. Lc 1,51-53).

• Conheceu de perto a pobreza (apresentação no Templo: Lc 2,22-38), o exílio (fuga para o Egito: Mt 2,13-23) e o sofrimento (Simeão: "Uma espada transpassará a tua alma" – cf. Lc 2,34-35).

• Voltou-se para as necessidades dos outros: visita a Isabel (cf. Lc 1,39-45) e Caná (cf. Jo 2,1-12).

Maria nos ensina a ser:
– construtores da cidade terrena e temporal e, ao mesmo tempo, peregrinos em direção à cidade celeste e eterna;
– promotores da justiça que liberta o oprimido e da caridade que socorre o necessitado;
– operários do amor, que edificam Cristo no coração.

(cf. Paulo VI, MC, 35.)

MARIA: PRINCÍPIO DE UNIDADE NA IGREJA

A Igreja

Quais são as dimensões fundamentais da Igreja? Ou, ainda, qual é o seu perfil e a sua natureza? Para responder a essas perguntas, o filósofo e teólogo suíço Hans Urs von Balthazar (1905-1988) estudou a vida das primeiras comunidades cristãs e nelas identificou quatro princípios que constituem a estrutura fundamental da Igreja: petrino, paulino, joanino e jacobita. Von Balthazar concluiu que a Igreja tem ainda um outro princípio, que abraça esses quatro: o princípio mariano. Segundo ele, este diz respeito à dimensão da Igreja que continua e faz ressoar o "Sim" de Maria, por ocasião da Anunciação : *Eis a serva do Senhor!*

O princípio **petrino** é o mais conhecido; lembra a figura de Pedro. Referir-se a Pedro é direcionar o pensamento para a proclamação do "querigma", isto é, o anúncio das verdades fundamentais da fé, como ele fez em Pentecostes (cf. At 2,14-36).

Pedro nos lembra também do papel da autoridade e da hierarquia na vida da Igreja e de sua necessidade para o bem de todos.

O **paulino** faz referência ao ardor missionário do apóstolo Paulo. Chamado por Cristo para pregar a Boa-Nova aos pagãos, ele foi um evangelizador incansável. Sentindo-se profundamente amado pelo Senhor, Paulo proclamou: *Ele me amou e se entregou a Deus por mim!* (Gl 2,20). Como resposta a esse amor, o apóstolo percorreu países e fundou comunidades, enfrentou adversidades e foi preso. Esse apóstolo chama nossa atenção para a riqueza dos carismas na Igreja.

O princípio **joanino** refere-se a João, o discípulo predileto de Jesus, o evangelista que nos transmitiu o mandamento novo do Senhor: *Amai-vos como eu vos amei!* (Jo 15,12). Presente no Calvário e testemunha da crucifixão, João entendeu o que significa amar "como" Jesus ama. Tendo concluído que *Deus é amor* (1Jo 4,16), esse apóstolo tornou-se modelo dos que valorizam a vida consagrada.

O **jacobita** refere-se ao apóstolo Tiago, que buscou a reconciliação entre os cristãos, os judeus e os pagãos (cf. At 15,13-21). Esse princípio representa a continuidade entre a Antiga e a Nova Aliança.

Cada um desses princípios permanece na Igreja.

O princípio mariano

O princípio **mariano**, por sua vez, direciona o nosso olhar para a Igreja da qual Maria é Mãe. Foi ela quem gerou aquele que é a Cabeça da Igreja; é ela quem une e articula os outros princípios; nela, os quatro princípios anteriores encontram a unidade.

Se cada um dos quatro primeiros princípios fosse absoluto ou abafasse os outros, seria uma perda para a Igreja. Dominando o elemento jacobita, baseado na importância da lei, acabaríamos nos tornando fundamentalistas, apegando-nos à determinada época da Igreja. Se o mesmo acontecesse com a dimensão petrina, a Igreja passaria a ser vista como uma mera organização. Caso prevalecesse o princípio paulino, seria considerado importante aquele que tivesse recebido carismas especiais. O domínio do princípio joanino faria com que valorizássemos a busca do amor como experiência mais importante.

Existe uma tensão permanente na vida da Igreja, pois esses quatro princípios precisam coexistir sem que um prevaleça sobre o outro. A missão de Maria é justamente ser o elo entre eles, garantindo-lhes permanente coexistência. É em torno de Maria que se articulam e se unem os diversos princípios da vida da Igreja, pois ela destaca a importância de cada um deles, na sua estrutura fundamental.

A vitória da esperança

Para o homem contemporâneo, não raro atormentado entre a angústia e a esperança, prostrado mesmo pela sensação das próprias limitações e assaltado por aspirações sem limites, perturbado na mente e dividido em seu coração, com o espírito suspenso perante o enigma da morte, oprimido pela solidão e, simultaneamente, a tender para a comunhão, preso da náusea e do tédio, a bem-aventurada Virgem Maria (...) proporciona-lhe uma visão serenadora e uma palavra tranquilizante: a da vitória da esperança sobre a angústia, da comunhão sobre a solidão, da paz sobre a perturbação, da alegria e da beleza sobre o tédio e a náusea, das perspectivas eternas sobre as temporais e, enfim, da vida sobre a morte.

(Bem-aventurado Paulo VI, MC, 57.)

21
A consagração a Cristo pelas mãos de Maria

Um pequeno livro – "Tratado da Verdadeira Devoção à Santíssima Virgem", de São Luís Maria Grignion de Montfort (1673-1716) –, escrito no começo do século dezoito, mas encontrado somente 116 anos após a morte de seu autor (1832), popularizou a expressão: *consagração a Cristo pelas mãos de Maria.*

Duas perguntas resumem as reações a essa expressão: seria legítima essa consagração? Não seria uma decisão supérflua, uma vez que, em Cristo, Deus já nos consagrou a si pelo Batismo?

Consagrar-se a Cristo pelas mãos de Maria

Segundo Grignion de Montfort, consagrar-se a Cristo pelas mãos de Maria:

• é imitar o gesto da Virgem Santíssima, que se entregou totalmente a Deus, como testemunha sua resposta ao anjo Gabriel: "Eis aqui a serva do Senhor. Faça-se em mim segundo a tua palavra" (Lc 1,38);

• é imitar o gesto do apóstolo e evangelista João, que, no Calvário, tendo ouvido as palavras de Jesus – "Mulher, eis aí teu filho... Eis aí tua mãe" (Jo 19,26-27) –, acolheu Maria em sua casa. Consagrar-se é justamente isso: é acolher Maria na própria vida; é aceitá-la como dom de Jesus, dado num momento tão especial, como foi o da Cruz; é reconhecer que somos seus filhos;

• é refugiar-se sob a proteção da Santa Mãe de Deus, vivendo a experiência de Jesus em Belém, no Egito, em Nazaré...;

• é renovar os votos batismais, respeitando, pois, a única mediação de Cristo e procurando a maturidade espiritual: "É-me grato recordar... a figura de S. Luís Maria Grignion de Montfort, o qual propõe aos cristãos a consagração a Cristo pelas mãos de Maria, como meio eficaz para viverem fielmente os compromissos batismais" (São João Paulo II, RMa 48).

O que muda com essa consagração?

O consagrado, atento às atitudes de Maria, busca um encontro pessoal, íntimo e perseverante com a Mãe de Jesus, para conhecer melhor as características de sua espiritualidade:

• a disponibilidade (*Eis aqui a serva... Faça-se...*);

• o serviço (*Foi às pressas às montanhas, a uma cidade de Judá...*);

• a centralidade em Cristo (*Fazei o que ele vos disser*);

• a unidade com o Filho (*Junto à cruz de Jesus estavam de pé a sua mãe, a irmã...*) etc.;

• sente renovado apelo para trabalhar contra o pecado e suas causas, a favor da vida e a serviço da esperança;

• empenha todo o seu ser em favor dos outros;

• pede a intercessão da Mãe de Jesus;

• trabalha para que cresça sempre mais o reino de Cristo, razão de ser da vida de Maria.

Consagrar-se ou entregar-se?

Uma vez que a expressão "consagração a Nossa Senhora" pode ser fonte de mal-entendidos e, para evitá-los, é preciso dar uma série de explicações, muitos preferem usar a expressão "entrega a Nossa Senhora".

Na verdade, numa consagração, a iniciativa é de Deus. Ele é que nos consagra a si – isto é, escolhe-nos, toma-nos à parte e nos dá uma missão especial. Somos seus. Nossa entrega a Maria tem como finalidade beneficiar-se de sua intercessão para fortalecer nossa escolha de Deus como o amor maior de nossa vida; imitá-la, para, como ela, crescer de um "sim" a outro "sim", num esforço renovado para fazer a vontade do Pai; e, atentos a seu exemplo, estar unidos às necessidades que nos cercam.

A expressão "ato de entrega a Nossa Senhora" tem, pois, o mesmo sentido, os mesmos objetivos e a mesma profundidade da expressão "consagração a Nossa Senhora" – e não necessita de muitas explicações.

ATO DE CONSAGRAÇÃO A MARIA

Por ocasião do encerramento do Jubileu dos Bispos, dia 08.10.00, na Praça São Pedro, no Vaticano, sob a presidência do Papa São João Paulo II, bispos do mundo inteiro colocaram o novo milênio sob a proteção de Maria Santíssima, rezando:

"Mulher, eis aí o teu filho!" (Jo 19,26.)
Quando já se aproxima o termo deste Ano Jubilar,
no qual tu, ó Mãe, deste-nos novamente Jesus,
o fruto bendito do teu ventre puríssimo,
o Verbo encarnado, o Redentor do mundo,
é-nos particularmente doce ouvir esta palavra
com que ele nos entrega a ti, tornando-te nossa Mãe:
"Mulher, eis aí o teu filho!"
Confiando-te o apóstolo João,
e com ele os filhos da Igreja, e mesmo todos os homens,
Cristo, longe de atenuar, reiterava
o seu papel exclusivo de Salvador do mundo.
Tu és esplendor que nada tira à luz de Cristo,
porque existes nele e por ele.
Em ti, tudo é um "fiat", "faça-se": tu és a Imaculada,
és transparência e plenitude de graça.
Assim, eis aqui os teus filhos, congregados ao teu redor,
ao alvorecer do novo milênio.
A Igreja, hoje, pela voz do sucessor de Pedro,
a qual se junta à de tantos pastores
aqui reunidos das várias partes do mundo,
procura refúgio sob a tua materna proteção
e implora confiadamente a tua intercessão
perante os desafios que o futuro encerra. (...)
Queremos, hoje, consagrar-te o futuro que nos espera,
pedindo-te que nos acompanhes no nosso caminho.
Somos homens e mulheres dum período extraordinário,
tão cheio de triunfos como de contradições.
A humanidade possui, hoje, instrumentos de força inaudita:
pode fazer deste mundo um jardim,
ou reduzi-lo a um amontoado de ruínas.
Conseguiu uma capacidade extraordinária de intervenção
sobre as próprias fontes da vida:
pode usá-la para o bem, dentro das margens da lei moral,
ou ceder ao orgulho míope
duma ciência que não aceita confins,
até espezinhar o respeito devido a todo o ser humano.
Hoje, como nunca no passado,
a humanidade encontra-se numa encruzilhada.

E, uma vez mais, a salvação está total e unicamente,
ó Virgem Santa, no teu Filho Jesus.
Por isso, Mãe, tal como o apóstolo João,
queremos receber-te na nossa casa (cf. Jo 19,27),
para aprendermos de ti a conformar-nos com o teu Filho.
"Mulher, eis aqui os teus filhos!"
Viemos à tua presença
para consagrar à tua solicitude materna
nós mesmos, a Igreja, o mundo inteiro.
Intercede por nós junto do teu amado Filho
para que nos dê o Espírito Santo em abundância,
o Espírito de verdade, que é fonte de vida.
Acolhe-o por nós e conosco,
como na primeira comunidade de Jerusalém,
aconchegada ao teu redor no dia de Pentecostes (cf. At 1,14)
O Espírito abra os corações à justiça e ao amor,
incite os indivíduos e as nações à mútua compreensão
e a uma vontade firme de paz.
Nós te consagramos todos os homens,
a começar pelos mais débeis:
as crianças que ainda não foram dadas à luz
e as nascidas em condições de pobreza e de sofrimento,
os jovens à procura de um sentido,
as pessoas carecidas de emprego
e atribuladas pela fome e pela doença.
Consagramos-te as famílias em crise,
os anciãos sem assistência
e quantos vivem sozinhos e sem esperança.
Ó Mãe, que conheces os sofrimentos
e as esperanças da Igreja e do mundo,
assiste os teus filhos nas provas cotidianas
que a vida reserva a cada um
e faz com que, graças ao esforço de todos,
as trevas não prevaleçam sobre a luz.
A ti, aurora da salvação, entregamos
o nosso caminho no novo milênio,
para que, sob a tua guia,
todos os homens descubram Cristo,
luz do mundo e único Salvador,
que reina com o Pai e o Espírito Santo
pelos séculos dos séculos. Amém.

Oração de consagração a Nossa Senhora

Ó Senhora minha, ó minha mãe,
eu me ofereço todo a vós
e, em prova de minha devoção para convosco,
consagro-vos neste dia
meus olhos, meus ouvidos, minha boca
e inteiramente todo o meu ser.
E, porque sou vosso, ó incomparável mãe,
guardai-me, defendei-me,
como filho e propriedade vossa. Amém.

Ato de entrega a Nossa Senhora

Maria,
Mãe de Jesus e nossa Mãe!
Nós, teus filhos e tuas filhas,
queremos neste dia
nos consagrar a Jesus,
por tuas mãos.
Desejamos ser totalmente de Jesus,
e, por isso, queremos ser teus.
Nós te entregamos nosso corpo:
ajuda-nos a fazer com que ele
seja um templo santo,
cada dia mais digno do Espírito Santo,
que quis fazer nele sua morada.
Nós te entregamos nossa vida:
ensina-nos a colocar
o passado na misericórdia de Deus,
o presente, em seu amor,
e o futuro, em sua providência.
Nós te entregamos tudo o que somos e temos:
nossos problemas e preocupações,
nossas limitações e o desejo de ser melhores.
Nós te entregamos nossa Pátria e nossa Igreja,
nosso bispo e nossos sacerdotes,
nossos diáconos e seminaristas,
nossos religiosos e nossas religiosas,
nossos leigos e nossas leigas.
Colocamos em teu coração materno
todos os nossos irmãos,
especialmente os doentes e os que estão longe de teu Filho.
Tudo é teu, Mãe querida!

Assim, aprendendo com o Criador,
que te confiou seu Filho querido,
queremos ser levados por tuas mãos
ao encontro de Jesus,
para que ele, na força do Espírito Santo,
leve-nos ao Pai do céu.
Amém.

22 Na escola de Nazaré

Eis o teu filho!

O ritual não apresentava novidade aos soldados: era uma crucifixão a mais. Não podiam negar, contudo, que algumas circunstâncias eram especiais: a túnica do crucificado era sem costura, e não convinha rasgá-la; havia uma inscrição sobre a cruz, em várias línguas, e o comportamento da assistência não deixava de ser até curioso. Alguns o injuriavam: "Tu, que destróis o templo e o reconstróis em três dias, salva-te a ti mesmo. Se és o Filho de Deus, desce da cruz!" (Mt 27,40); outros caçoavam: "Salvou a outros, que se salve a si próprio" (Mt 27,42); muita gente permanecia lá, "e observava" (Lc 23,35).

O homem da cruz falava de seu abandono, de sua sede, e perdoava. Nem todos ali lhe eram contrários ou indiferentes: perto da cruz, "de pé" (Jo 19,25), estava um grupo de pessoas amigas e, entre elas, sua mãe.

"Mulher, eis aí o teu filho", disse o Crucificado, ao ver "sua mãe e perto dela o discípulo que ele amava". "Eis a tua mãe", disse dirigindo-se ao discípulo. "E dessa hora em diante o discípulo a levou para a sua casa" (Jo 19,26-27).

Mãe, Mestra e Aluna

Para a Mãe de Jesus começava agora nova etapa. A vida – ou *Escola*? – de Nazaré, tão rica de lembranças e de ensinamentos, ganhava novo impulso. Naquela *Escola* formara o coração daquele que o Pai lhe confiara na encarnação (cf. RMa 39): não podia negar, diante disso, que era mestra. Mas nela havia, sobretudo, aprendido com seu Filho e mestre. Aprendeu com sua pobreza e simplicidade (como esquecer Belém?); aprendeu com o desejo, que ardia em seu coração, de fazer a vontade do Pai; também com sua humilde obediência, a ela própria e a José.

No Calvário havia perdido seu Filho. Perdido? Como era mesmo aquela advertência que ele fizera um dia a André, a Filipe e a alguns gregos? "Se o grão de trigo, caído na terra, não morrer, fica só; se morrer, produz muito fruto" (Jo 12,24). Ali, no alto da cruz, ela testemunhara a concretização dessas palavras.

Primeiro, na nova dimensão de sua maternidade: quantos filhos passaria a ter? Muitos, inúmeros filhos, mas todos diferentes: cada qual com sua maneira própria de ser e sua vocação específica. "Eles não têm vinho" (Jo 2,3). Quantas vezes teria que repetir a Jesus, a partir de agora, essa frase de Caná, claro, com outras palavras, para indicar as necessidades desses novos filhos?

Sabia que sua função poderia ser resumida numa ideia, numa advertência – aquela mesma que fizera aos que serviam no casamento de Caná: "Fazei o que ele vos disser" (Jo 2,5). Poderia haver missão mais bela que essa, de encaminhar as pessoas a Jesus? Realmente, "o Poderoso fez por mim maravilhas" (Lc 1,49).

Conservava em seu coração o que testemunhara no Calvário: do lado de seu Filho, aberto pela lança do soldado, "imediatamente saiu sangue e água" (Jo 19,34). Era a Igreja que nascia; eram os sacramentos que começavam a ser derramados sobre a humanidade; mas era também uma porta que se abria para os que quisessem aceitar o convite feito por ele, tempos antes: "Vinde a mim, vós todos que estais aflitos sob o fardo, e eu vos aliviarei" (Mt 11,28).

As riquezas de Cristo

Nazaré não seria mais uma lembrança, um momento de sua vida: seria compromisso com o futuro, extensão de sua maternidade. Seria também a casa de todos aqueles que, comprados não com prata ou ouro, "mas pelo precioso sangue de Cristo" (1Pd 1,18), aceitassem fazer a experiência de Jesus: colocar-se sob a proteção de uma mãe, ser submisso a ela e deixar-se formar por ela.

O discípulo que a levava para sua casa seria o primeiro a frequentar a Escola de Nazaré nessa nova fase. A imensidão do trabalho que tinha pela frente não a assustava: aquele, para quem nada é impossível (cf. Lc 1,37), "acolheu Israel, seu servidor" (Lc 1,54), e haveria de socorrê-la, também. Seu Filho havia deixado claro: "Buscai em primeiro lugar o Reino de Deus e a sua justiça e todas estas coisas vos serão dadas em acréscimo. Não vos preocupeis, pois, com o dia de amanhã..." (Mt 6,33-34).

Não havia segredos quanto ao programa de ensino: Jesus, que estivera diariamente a seu lado em Nazaré, seria o modelo a ser seguido. Quanto mais seus filhos-alunos perseverassem na atitude de entrega e mais progredissem nela, tanto mais poderia aproximá-los da "inexplorável riqueza de Cristo" (Ef 3,8). Unicamente ele é "o caminho, a verdade e a vida" (Jo 14,6). É também o único mediador entre Deus e os homens (cf. 1Tm 2,5). Sua missão materna dependeria inteiramente da mediação de seu Filho, e dela auferiria toda a força. De modo algum impediria, mas até favoreceria a união imediata dos fiéis com Cristo (cf. LG 60).

Cristo vive em mim

Na Escola de Nazaré ensinaria a seus filhos que fé "é um contato com o mistério de Deus" (RMa 17); que o fato de ter sido a primeira entre as criaturas humanas admitidas à descoberta de Cristo, a ponto de ter dado início, com o *sim* da Anunciação à Nova Aliança (cf. RMa 17 e 14), nem por isso seu caminho foi menos difícil: dia a dia precisou avançar "na peregrinação da fé" (LG 58).

Ensinaria também que sua maternidade foi marcada pela dor (cf. RMa 16); que o amor preferencial de Deus pelos pobres estava admiravelmente inscrito no seu "Magnificat"; que ela estava profundamente impregnada do espírito dos pobres de Javé, isto é, daqueles que, segundo a oração dos Salmos, "esperam de Deus a própria salvação, pondo nele toda a sua confiança" (RMa 37). Haveria tanta coisa a ensinar!...

Quantos alunos teria? Se era a mãe de todos, deveria ser mestra de cada um dos que foram redimidos por seu Filho. Ninguém poderia ser excluído de sua Escola, porque todos deveriam ser formados na verdade e na fraternidade, na justiça e no amor. Seu trabalho estaria completo quando cada qual – e também as comunidades – pudesse fazer sua a afirmação: já não sou eu que vivo, mas "é Cristo que vive em mim!" (Gl 2,20).

À medida que o novo céu e a nova terra (cf. Ap 21,1) fossem sendo formados, repetiria com alegria e gratidão as palavras que o Espírito Santo lhe inspirou, ao visitar sua prima Isabel: "A minh'alma engrandece ao Senhor..." (Lc 1,46)

Maria e nosso compromisso com Jesus

Desafios do terceiro milênio

Quais os desafios mais importantes que nosso mundo enfrentará neste terceiro milênio? Qual a resposta que, como cristãos, somos chamados a dar?

Para responder a essas perguntas, é importante estarmos atentos ao mundo que nos rodeia. Um rápido olhar sobre ele deixa-nos deslumbrados: é marcado por conquistas fantásticas, que elevam o ser humano a alturas jamais imaginadas. A medicina progride continuamente, e as indústrias modernizam-se mais e mais; terras improdutivas transformam-se em verdadeiros jardins, e computadores simplificam os trabalhos de escritórios e fábricas. Os acontecimentos, via TV, entram diariamente em nossas casas, transformando nosso país – e mesmo nosso planeta! – numa pequena aldeia. Mas esse mesmo mundo é marcado por manifestações de ódio e egoísmo que nos assustam. O que dizer da insensibilidade dos que agem movidos pela pergunta de Caim: *Sou porventura eu o guarda do meu irmão?* (Gn 4,9). Somente essa insensibilidade faz-nos entender como é possível que exista tanta fome, falta de teto, de saúde e de atenção a menores abandonados num país que é invejado por suas riquezas imensas. O que acontece ao nosso redor não será um reflexo (ou resultado?) de nossos pequenos mundos, marcados, também eles, pelo egoísmo e pela indiferença?

Em busca de respostas adequadas para esses problemas, sentimo-nos levados a abrir o Evangelho. A resposta de Jesus Cristo para nossos desafios é a mesma de dois mil anos atrás: amar a Deus sobre todas as coisas; amar o próximo como a si mesmo; construir o Reino de justiça, de fraternidade e paz; viver a experiência do amor em comunidade; testemunhar a alegria, porque ele venceu o pecado e a morte etc. Diante de nossas dificuldades, Jesus não dita receitas, nem nos dá fórmulas mágicas. Também não procura adoçar sua mensagem para conquistar nossa simpatia ou conseguir novos seguidores. Passa em nossos caminhos e nos diz: *Vem e segue-me!* E vai adiante.

Onde está Jesus, está Maria

Não acredito que alguém possa segui-lo, e encontrar uma resposta para seus problemas pessoais e os da sociedade, sem uma vida de oração. É o contato pessoal, direto e informal com Cristo que possibilita o conhecimento de sua mentalidade, tão diferente da nossa. A oração possibilita conhecer seu Coração e adquirir sua maneira de olhar os acontecimentos e as pessoas.

Seria utópico querer segui-lo sem um contato contínuo com sua Palavra. É ela que nos leva a entender o plano de salvação e dá-nos a capacidade de encontrar soluções coerentes com nossa fé.

Refletindo sobre o seguimento de Jesus, o povo de Deus cedo descobriu que onde está Jesus, está Maria. Silenciosa e humilde, simples e corajosa, ninguém como ela viveu o ideal evangélico. Não tinha projetos paralelos nem procurou jamais sua própria vontade. Ouviu também o *Vem e segue-me!* Ouviu e seguiu. Antes havia se apresentado como serva – *a serva do Senhor*. O desejo de ser coerente com o chamado que recebeu levou-a, um dia, ao alto do Calvário. Como recompensa por sua fidelidade, ganhou uma multidão de filhos. Deveria, dali em diante, formá-los segundo o Coração de Jesus, que conhecia tão bem. E seus filhos foram descobrindo que é mais fácil e seguro seguir Jesus sob a proteção de uma mãe. Mesmo porque os caminhos do Senhor são estreitos e pedregosos: *Estreita é a porta e apertado o caminho da vida e raros são os que o encontram!* (Mt 7,14).

Por mais que sonhemos com milagres que dispensem nossos esforços, a proposta de Jesus exige de nós conversão, compromisso e disponibilidade. Seguindo-o, descobriremos que não há seguimento sem desapego; não há vida sem morte; não há alegria sem o dom de si próprio; não há vitória sem luta; não há cristianismo sem alegria. Dessas coisas Maria Santíssima entende muito bem. Entende e ensina, porque continua sendo mãe e mestra.

Conservar tudo no coração

Nossa experiência

Quando nos colocamos na perspectiva da longa história da humanidade, concluímos que um ano, dez anos ou mesmo oitenta anos são quase nada. Na vida de uma pessoa, é diferente. Quantos livros seriam necessários para apresentar tudo o que vivemos ao longo de um ano? No final de nossa vida, teríamos uma verdadeira biblioteca diante de nós.

O que fazer para que nossa rica experiência não se perca? Como tirar proveito de nossas alegrias e tristezas, dos trabalhos feitos e das muitas conversas, dos projetos executados e, também, dos que não conseguimos realizar? Deixemos de ilusões: não ficamos mais sábios simplesmente porque vivemos muitas situações diferentes. Uma experiência se torna nossa e, portanto, enriquece-nos, se a assimilamos, se a confrontamos com nossos ideais e valores e se, então, seguimos a orientação dada por Paulo aos cristãos da cidade portuária de Tessalônica: "Examinai tudo: abraçai o que é bom" (1Ts 5,21).

Belo programa para determinados momentos de nossa vida: fazer a síntese de tudo o que já vivenciamos para que não nos sintamos desorientados ou fragmentados.

A experiência de Maria

Para que nosso trabalho seja completo, é muito oportuno imitarmos a atitude de Maria Santíssima. Em duas ocasiões o evangelista Lucas nos diz que ela guardava tudo em seu coração, meditando.

A primeira, quando descreve o nascimento de Jesus. Ao chegar à gruta de Belém, os pastores contaram o que lhes havia sido anunciado a respeito do Menino. "Todos os que os ouviam admiravam-se das coisas que lhes contavam os pastores" (Lc 2,18). Sua mãe passou a meditar sobre o que ouvira, já que nem tudo lhe era claro e imediatamente compreensível (cf. Lc 2,19).

Doze anos mais tarde, ao reencontrar seu Filho no Templo de Jerusalém, depois de três dias de dolorosa procura, Maria perguntou a ele: "Meu filho, que nos fizeste?! Eis que teu pai e eu andávamos à tua procura, cheios de aflição". Como resposta, ouviu duas perguntas: "Por que me procuráveis? Não sabíeis que devo ocupar-me das coisas de meu Pai?" O próprio Lucas acrescenta uma explicação: "Eles, porém, não compreenderam o que ele lhes dissera". E repete a observação feita por ocasião do nascimento: "Sua mãe guardava todas essas coisas no seu coração" (cf. Lc 2,41-52).

A idêntica reação da Mãe de Jesus em dois momentos diferentes, separados entre si por tão longo tempo, mostra-nos que esse deve ter sido seu comportamento habitual, sua reação diante de situações ou de fatos que não compreendia. O mesmo Deus que lhe confiara seu Filho e, em função disso, enriquecera-a de graças (cf. Lc 1,28), queria que, caminhando na fé, ela procurasse fazer sua vontade. E a fidelidade de Maria nesse caminho já havia merecido um elogio de sua parenta Isabel, mãe de João Batista (cf. Lc 1,45). Foi também essa atitude de vida que a levou a uma descoberta: um *sim* dado ao Senhor prepara o coração para um novo *sim*. Por isso sua vida tem continuidade e crescimento, da Anunciação ao Calvário e, deste, ao Cenáculo de Jerusalém.

Caminhar na fé

Voltemos à nossa própria experiência. Pensemos, por exemplo, nos mais recentes meses de nossa vida. Em não poucas ocasiões, ficamos perplexos, com mil perguntas em nosso coração. Quisemos entender a inesperada morte do amigo, compreender o absurdo de um crime em nossa cidade, captar a razão do ódio no rosto daquele nosso colega de trabalho e descobrir a causa de tanta fome e miséria. Quisemos captar, também, a felicidade do vizinho que nos procurou para falar de sua reconciliação com a esposa e avaliar a alegria da criança que brincava despreocupada debaixo de uma árvore... Sentimos que os fatos eram maiores que as palavras e que nossa mente era limitada demais para compreender e unir tantas experiências diferentes.

Caminhamos, também nós, na fé. Nem sempre somos capazes de descobrir o sentido do que acontece à nossa volta: de algumas coisas, talvez somente depois de muitos anos é que descubramos; de outras, só na eternidade.

Mas é importante caminhar fazendo a síntese do que trazemos no coração. Se esse trabalho for realizado apenas com nossas capacidades humanas, obteremos resultados que poderão ser até muito positivos, mas terão sempre a marca de nossas limitações. Se o fizermos com a graça e a luz do Espírito Santo, iremos de um *sim* a outro *sim* como Maria Santíssima.

23 Com minha Mãe estarei

A glória de Maria

Um dos mais belos títulos que Maria recebeu do povo de Deus é o de Nossa Senhora da Glória. Esse título nasce de uma certeza: "Somos filhos de Deus. E, se filhos, também herdeiros, herdeiros de Deus e coerdeiros de Cristo, contanto que soframos com ele, para que também com ele sejamos glorificados" (Rm 8,16-17). Ninguém sofreu tanto com Jesus como Maria. Por isso, ninguém é mais glorificado com Jesus do que ela.

Mas em que consiste a glória de Maria? Podemos ver essa glória de duas maneiras. A primeira: com nossos olhos humanos. Que criatura é mais amada e invocada, ou tem seu nome mais lembrado por nós, homens e mulheres? E isso não é glória? Que criatura recebeu ao longo dos séculos maior número de hinos e de títulos? Que rosto foi mais reproduzido na arte? "Eis que agora as gerações hão de chamar-me de bendita" (Lc 1,48), proclamou Maria. Foi o Espírito Santo que a fez dizer isso. E os vinte séculos da história da Igreja estão aí para demonstrar essa verdade. Não é possível que uma pobre jovem, desconhecida do mundo inteiro, diga de si mesma uma coisa como essa, sem uma intervenção de Deus.

De outra parte, podemos ver a glória de Maria do ponto de vista de Deus, e essa glória é a que realmente importa. A glória dos homens é passageira; a de Deus, eterna. A glória de Deus é Deus mesmo, enquanto seu ser é luz, beleza, esplendor e, sobretudo, amor. A verdadeira glória de Maria consiste na participação nessa glória de Deus. Ela está cheia de toda a plenitude de Deus, segundo o que Paulo escreveu aos cristãos de Éfeso (3,19).

O que faz Maria na glória?

O que faz Maria nessa glória? Realiza a vocação para a qual todo ser é chamado. No céu, Maria é puro louvor da glória de Deus (cf. Ef 1,14). "Louva ao teu Deus, ó Sião", diz o Salmo 147,1. Maria é Sião que glorifica a Deus.

De Jó, no Antigo Testamento, Deus diz: "Reparaste no meu servo Jó? Não há ninguém como ele" (1,8). E de Maria, o-iz? Através de seu mensageiro Gabriel, expressou seu pensamento dando-lhe um novo e belíssimo nome: "Cheia de graça" (Lc 1,28).

Hoje Maria Santíssima já é o que toda a Igreja é chamada a ser. No céu, louva a Deus e, louvando-o, exulta de alegria. Será que se lembra de nós, na glória? Como Ester, introduzida no palácio do rei, a Mãe de Jesus não se esquece de seu povo ameaçado. Antes, intercede por ele, para que seja derrotado o inimigo que o quer destruir. Jesus intercede por nós junto do Pai (cf. Rm 8,34). Maria intercede por nós junto de seu Filho. Ela é como a lua: não brilha com luz própria, mas com a luz do sol, que recebe e reflete sobre a terra.

O que podemos fazer por Maria? Podemos alegrar-nos com ela e ajudá-la a agradecer à Santíssima Trindade as maravilhas que realizou em seu coração. Dessa maneira, prolongaremos seu "Magnificat". Somos também chamados a imitá-la, colocando Jesus no centro de nossa vida. Fazendo isso, poderemos alimentar uma certeza: como ela e com ela, participaremos, um dia, da glória de Deus – e esse dia será eterno.